Tintenklecks

Das Deutschbuch 4

Arbeitsheft

Auer Verlag GmbH

Tintenklecks
Das Deutschbuch 4
Arbeitsheft

Erarbeitet von
Erika Altenburg, Andrea Gersch, Thomas Heinrichs,
Bärbel Klein, Anja Schneiders, Elke Winterscheid,
Christiane Ziemann

Gedruckt auf umweltbewusst gefertigtem, chlorfrei gebleichtem
und alterungsbeständigem Papier.

1. Auflage
Unveränderter Nachdruck 1 4 3 2 1 2009 2008 2007 2006

Illustrationen: Friederike Großekettler
Satz: Fotosatz H. Buck, Kumhausen
Druck und Bindung: Ludwig Auer GmbH, Donauwörth
ISBN 978-3-403-0**3770**-5
ISBN 3-403-0**3770**-3

www.auer-verlag.de

Inhalt

Gemeinsam sind wir stärker

Opasamstag

Leider kommt Opa nicht oft. Jedes Mal vergisst Joscha deshalb ein bisschen, wie er aussieht. Aber dann erinnert er sich doch wieder. Er muss nur hoch in sein Gesicht gucken, und schon findet er alles wieder: den grauen Bart, das Brillenfunkeln, die dicke Nase, die Falten auf der Stirn.

„Und jetzt“, sagt Opa, „gehen wir einkaufen.“ Das tun sie jedes Mal. Opa bringt nie ein Geschenk mit. Er sucht es immer mit Joscha zusammen aus.

„Wir suchen ein Geschenk für meinen Enkel, schöne Frau“, sagt er zu der Verkäuferin, die vor Freude rot wird, die Brille zurechtrückt und an ihren Haaren zupft. „Was würden Sie denn so empfehlen?“

Die Verkäuferin sieht Joscha lange an, ihm wird schon ganz heiß vor Verlegenheit. „Bauklötze?“, fragt sie. „Ein Auto? Knete? Ein Malbuch?“ „Es sollte schon etwas Geheimnisvolleres sein“, sagt Opa. „Oder, Joscha?“

Joscha nickt. Es sollte unbedingt etwas Geheimnisvolles sein.

Sie verlassen das Geschäft mit einer kleinen blauen Dose ohne was drin. Draußen klappt Opa den Deckel auf und haucht einen Kuss in die Dose. Dann klappt er den Deckel wieder zu.

„So“, sagt er. „Und wenn du dich mal ganz allein fühlst oder traurig bist oder mich vermisst, dann holst du dir einfach ein Stück von meinem Kuss heraus.“

„Und wenn er aufgebraucht ist?“, fragt Joscha.

„Dann komme ich wieder zu Besuch und hauche dir einen neuen rein“, sagt Opa.

Sie gucken aus dem Fenster. Opa weiß zu jedem, der draußen vorbeikommt, eine Geschichte. Joscha hat nicht gewusst, dass der Postbote ein verkleideter Geheimagent ist.

„Was ist ein Geheimagent?“, fragt er.

Opa legt die Finger an die Lippen. „Psst! Wenn man das wüsste, wär’s ja kein Geheimnis mehr.“ Joscha hat auch nicht gewusst, dass Frau Göffler von gegenüber eine verzauberte Gans ist. Obwohl er es sich natürlich hätte denken können, so wie Frau Göffler immer schnattert. Man kommt nicht an ihr vorbei, bevor man sich nicht sämtliche Geschichten aus der Nachbarschaft angehört hat. Hinterher ist Mama immer ganz fertig.

Sie haben die Schritte im Treppenhaus nicht gehört. Plötzlich stehen Mama und Papa im Zimmer.

„Wieso bist du noch nicht im Bett?“, fragt Mama. Und dann sieht sie sich um und sagt gar nichts mehr. Überall liegen Spiele herum und Bücher und Sachen zum Verkleiden aus Mamas und Papas Kleider schrank. Ein ziemlicher Saustall, das merkt Joscha erst jetzt. Schnell rafft er ein paar von Mamas Blusen zusammen.

„Wir haben die Zeit vergessen“, sagt Opa. „Ist das ein Problem?“

„Natürlich nicht“, sagt Mama. *Und ob das ein Problem ist,* sagen ihre Augen.

Monika Feth

1 Warum bringt Opa kein Geschenk mit?

2 Was wählen der Opa und Joscha aus?

3 Was meinst du zu diesem Geschenk?

4 Wie denkt Joscha über seinen Opa?

Der Klassen-King

Der Klassen-King ist Coolman, der eigentlich Steffen Kuhlmann heißt. Er ist neu in der Klasse, hat aber schnell Anhänger gefunden. Gemeinsam ärgern sie andere Mitschüler und stiften Unfrieden in der Klasse.

„Es muss sich etwas ändern“, sagen wir alle am nächsten Tag in der Klasse. „Wir müssen uns zusammentun und zusammen gegen die stark sein“, schlägt Peter vor. „Und wie stellst du dir das vor?“, frage ich. „Wenn einer angegriffen wird von den Coolen, helfen ihm dann die anderen auch wirklich? Meinst du, die tun das?“ Tim ist ganz zerknirscht. Er holt tief Luft und sagt: „Ich glaube, wir haben wirklich Mist gemacht.“ Das hätte ich von Tim nicht erwartet. Aber Coolman ist heute nicht da. Da hat er auch mal eine eigene Meinung. „Das kannst du laut sagen“, antworte ich ihm und ziehe die Schultern hoch. „Und ihr macht bestimmt weiter, wenn sich nichts ändert.“ „Ihr tut doch alles, um cool zu sein“, meint Toby. Tim wird ziemlich klein. „Vielleicht“, sagt er. „Aber vielleicht kann man sich ja auch ändern.“ „Vielleicht wenn wir mehr als bisher darüber reden.“ Das kommt von Frau Hampel, die, ohne dass wir sie bemerkt haben, das Klassenzimmer betreten und alles mit angehört hat. Und dann sagt sie entschieden: „Ich werde allerdings nicht nur reden, ich werde auch etwas tun.“ „Und was?“, fragen wir alle. „Das muss ich mir noch überlegen“, sagt sie. Frau Hampel hält Wort. Coolman wird vierzehn Tage vom Unterricht ausgeschlossen. Das beschließt – trotz des Widerspruchs seiner Eltern – die Klassenkonferenz. „Jetzt haben wir zwei Wochen Zeit, um uns stark zu machen“, sagt Frau Hampel. „Verdammt kurz“, sagt Peter. „Und wie soll das gehen?“, fragen wir. Frau Hampel beruft einen Elternabend ein, zu dem Coolmans Eltern nicht erscheinen, obwohl sie eingeladen waren. Und wir reden darüber. Immer wieder. Sie besteht darauf. Wenn Coolman zurückkommt, dürfen wir nicht mehr Coolman zu ihm sagen. Wir müssen Steffen sagen. Frau Hampel meint, dass er durch den Spitznamen „Coolman“ ja schon fast in diese Rolle gezwängt würde. Na ja, denke ich. Reden macht stark. Aber eines ist uns allen klar: Tim, Steffen, Falk und Kim können wir nicht plötzlich total verändern. Uns kann man ja auch nicht von heut auf morgen verändern. Und wir müssen uns auch verändern. Wir müssen lernen darüber zu reden, wenn uns etwas nicht passt. Wir müssen lernen uns zu wehren. Mutig sein will gelernt sein. Das braucht Zeit. Das Reden ist nur ein Anfang.

Elisabeth Zöller

1 Welches Problem gibt es in dieser Klasse? Warum kann man es nicht so einfach lösen?

2 Wie würdet ihr dieses Problem im Klassenrat lösen?

3 Wie reagiert Coolman wohl auf die Veränderungen in der Klasse?

Sommer im Möwenweg

Die Kinder aus dem Möwenweg haben manchmal Ärger mit ihren Eltern. So war das auch bei einigen an diesem Samstag. Deshalb beschlossen sie, von zu Hause abzuhauen.

Tieneke war ganz aufgeregt, als ich ihr erzählt habe, dass wir abhauen wollten, und sie hat gesagt, es macht nichts, dass sie grade keinen Krach mit ihren Eltern hat. Abhauen kann sie trotzdem mal kurz. Sie muss nur noch ihre Waffel aufessen.

Ich hab ihr vorgeschlagen, dass sie zum Ausreißen auch eine kleine Wegzehrung mitbringen sollte. Später wollten wir uns natürlich Arbeit suchen und Geld verdienen oder vielleicht auf der Straße singen und einen Hut hinstellen, aber es konnte ja nicht schaden, wenn wir für den ersten Tag erst mal was zu essen dabeihatten. Leider wusste Tieneke nicht genau, was Wegzehrung bedeutet, darum hat sie nur eine Cola mitgebracht, als sie zu uns auf den Garagenplatz gekommen ist. Aber wenigstens eine von den Riesenflaschen.

„Dann aber los, Männer, bevor der Feind uns aufspürt!", hat Petja gesagt.

Ich finde nicht, dass Mama und Papa und die anderen Eltern richtige Feinde sind. Aber man muss es ja so sagen. Dann macht es viel mehr Spaß.

Als wir aus dem Möwenweg abgebogen sind, hab ich mich noch mal umgedreht und zurückgeguckt. Es konnte doch sein, dass ich unser Haus nie mehr wiedersehen würde! Da hatte ich plötzlich einen richtigen Kloß im Hals. Eigentlich war alles ja schrecklich traurig. Man stelle sich vor, wenn wir wirklich niemals mehr zurückkommen würden! Ich hab lieber angefangen zu rennen und Fritzi gegen den Arm geboxt. „Fang mich doch!", hab ich geschrien. Fritzi ist ja nicht halb so schnell wie ich.

Wir sind durch das ganze Neubaugebiet gegangen und an der Schule vorbei und in den Ort und an der Hauptstraße entlang. „Mir qualmen ja schon die Socken, Mann!", hat Petja gesagt. Meine Socken haben nicht gequalmt. An der linken Hacke hatte ich aber bestimmt fast eine Blase. „Gleich sind wir am Ziel", hat Vincent gesagt. „Haltet durch, Männer, haltet durch! Nur noch wenige Tagesmärsche, dann sind wir da."

Und gerade als ich gedacht hab, dass ich bestimmt keinen einzigen Tagesmarsch mehr durchhalte, ist Vincent hinter dem neuen Feuerwehrgerätehaus in eine kleine Seitenstraße eingebogen. „Hier wird ab jetzt unsere Heimat sein", hat er feierlich gesagt. Vincent liest ja so viele Bücher. „Wasser ist immer das Wichtigste." Und da hab ich gewusst, dass der weite Weg sich gelohnt hatte. Hinter dem Gerätehaus ist nämlich eine Wiese mit Büschen und ein paar Bäumen drauf. Und in der Mitte liegt der Feuerwehrteich.

„Geil!", hat Petja geschrien. „Wildnis!"

Eine richtig wilde Wildnis war es natürlich nicht, nur fast. Aber Jul hat sich an die Stirn getippt und gesagt, so dicht beim Möwenweg finden die Erwachsenen uns doch sofort. Vincent hat gesagt, das ist Quatsch. „Ganz in der Nähe sucht man nämlich nie!", hat Vincent gesagt. Das war doch schlau von ihm.

Dafür hat Fritzi ein bisschen gejammert, weil sie so durstig war von dem langen Weg. Da haben wir uns im Kreis ins Gras gesetzt und die Colaflasche kreisen lassen. Immer wenn man einen Schluck getrunken hatte, musste man die Flasche an den linken Nachbarn weitergeben. Meine linke Nachbarin war Tieneke. Vincent hat gesagt, eigentlich ist es genau wie bei den Indianern, wenn sie die Friedenspfeife rauchen. „Darum wollen wir jetzt auch einen Schwur schwören", hat er gerufen. Und Petja hat gesagt, genau, das wollte er schon die ganze Zeit vorschlagen. Das war doch mal wieder typisch. Nie darf jemand anders eine gute Idee haben.

Vincent hat gesagt, von jetzt an müssen wir immer aufstehen, bevor wir unseren Schluck trinken dürfen. Er hat uns auch den Schwur vorgesprochen, und wir mussten ihn dann nachsprechen: „Ich schwöre diesen heiligen Eid, dass ich in dieser Wildnis leben will, bis ich sterbe und tot bin. Niemals will ich meine Freunde verraten, nicht mal, wenn man mir die Hand abhackt. Und ich will meine Speisen und alles mit ihnen teilen. In Düsternis und Gefahr, in Sonne und Licht, amen." (Ich kann es auswendig, ich habe es ja so oft gehört.) Es war sehr feierlich. Ich finde vor allem das mit der Düsternis und Gefahr und der Sonne und dem Licht so schön.

Aber Laurin hat sich natürlich wieder tausendmal versprochen. „In Düsternis und was noch mal, Vincent?", hat er gefragt. Aber Sonne und Licht hat er richtig hingekriegt. Darum durfte er dann auch seinen Schluck trinken.

Danach hatten wir alle keinen so schrecklichen Durst mehr, und Petja hat gesagt, es wird Zeit, dass wir uns eine Hütte bauen. Sonst haben wir nachher in der Nacht kein Dach über dem Kopf.

Kirsten Boie

1 Unterstreiche die Antworten im Text.

- Welche Kinder kommen in der Geschichte vor?
- Warum hauen die Kinder von zu Hause ab?
- Welchen Schwur sprechen sie?
- Was haben die Kinder am Schluss vor?

2 Spielt die Geschichte.
Schaut dazu auch ins Buch.

Buch S. 167

Im Klassenrat Probleme lösen

1 Kennst du solche Situationen? Was meinst du?

Wie fühlt sich Ahmed?

____

Wie fühlt sich Mirko?

____

Welche Idee könnte Tim haben?

____

2 Ahmed, Mirko und Tim wollen ihre Meinungen und Gefühle zur Pause aufschreiben und an die Meinungstafel hängen. Was könnten sie schreiben?

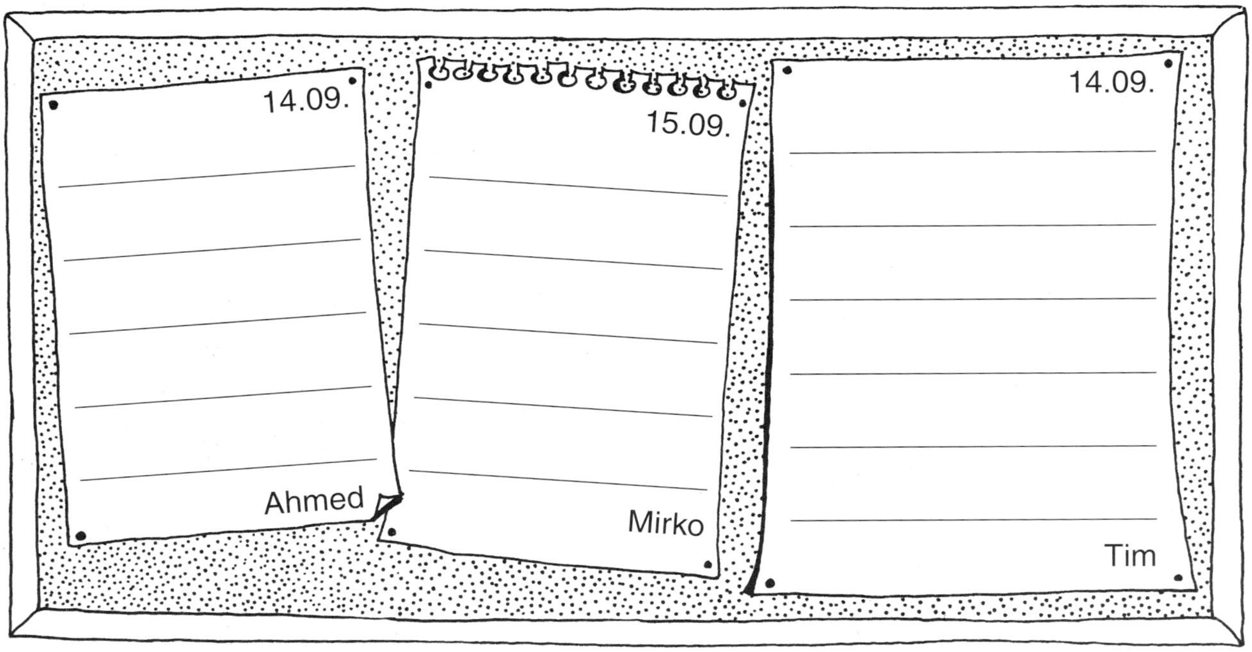

Subjekt und Prädikat

Subjekt – WER oder WAS -Satzglied

1 Markiere das Subjekt blau.
Schreibe die Frage unter den Satz.

Die Kinder treffen sich im Kreis.

WER oder WAS trifft sich?

Marie begrüßt alle.

____

Timo fehlt.

____

Er ist krank.

____

Serkan schreibt das Protokoll.

____

Wichtige Ergebnisse notiert er.

____

Prädikat – Satzglied mit dem Verb

2 Was wird über das Subjekt ausgesagt?
Markiere das Satzglied mit dem Prädikat rot.

Ahmed erklärt sein Problem.

Sein Ball hängt im Baum.

Mirko entschuldigt sich dafür.

Es passierte aus Versehen.

Aber Tim hat eine Idee.

Der Hausmeister besitzt eine hohe Leiter.

In der nächsten Pause leihen sie die Leiter aus.

Mirko klettert dann hoch.

So holt er den Ball herunter.

Wörter mit ie

1 Bilde zu jedem Verb ein Nomen. Schreibe noch weitere verwandte Wörter auf.
Markiere den gleichen Wortstamm.

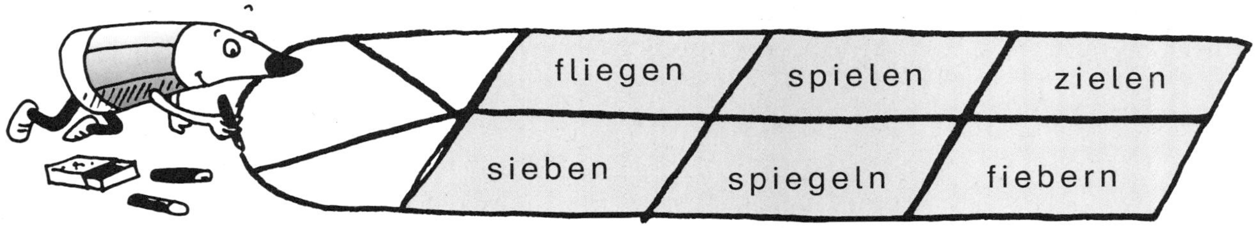

fliegen – die Fliege

2 Bilde zu jedem Nomen ein Verb mit der Endung -ieren.
Markiere das ie.

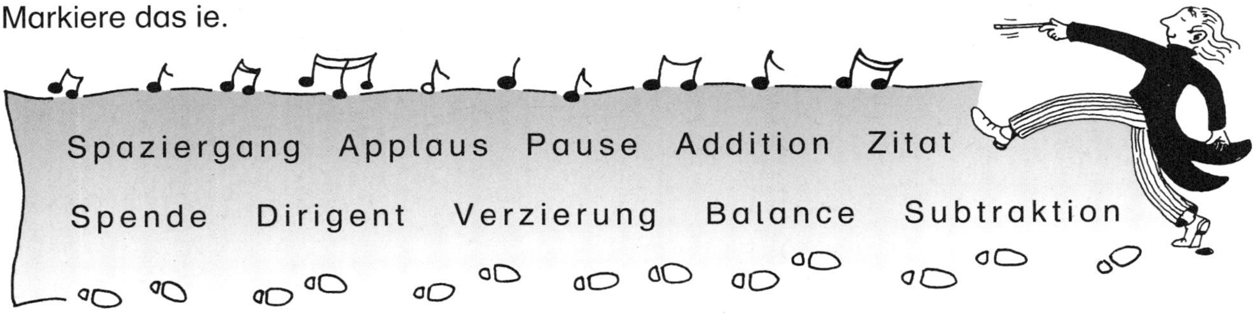

der Spaziergang – spazieren

3 Schreibe mit einigen Verben einen Satz.

Lernwörter-Training

1 Wie heißen die Lernwörter?
Trage die fehlenden Buchstaben ein.

						e					s	c	h			
						e				ä						
n	o					e										
						e	u									
					V	e		e								
						e	m									
						e		h	a							
				ö		e										

2 Trenne die Merkwörter ab.

ventilvasevideovettervielleichtvulkanvorsichtigverkehrvollvitamine

3 Schreibe die Wörter richtig auf.
Denke an den großen Anfangsbuchstaben bei Nomen.

das Ven

4 Was bedeuten die Merkwörter? Erkläre drei Wörter.

In anderen Ländern zu Hause sein

Enno

Nach den Sommerferien bringt Frau Stein (auch Steinchen genannt) den Jungen Enno mit in die Klasse. Enno ist in Deutschland geboren, hat aber lange Zeit mit seinen Eltern im Ausland gelebt.

„Das ist der Enno", stellte das „Steinchen" den Jungen vor. „Er wird von nun an zu uns gehören. Und denkt nur, wo er zuletzt gelebt hat: in Lima! Ein seltsamer Name für eine Stadt, nicht wahr? Wer weiß, wo diese Stadt liegt?"

Nur Connie und Markus meldeten sich und Frau Stein nahm Markus dran. Der blies sich gleich auf: „In Südamerika. Direkt am Meer. Das Land heißt Peru. Mein Opa singt oft ein Lied: *In Peru, in Peru, in den Anden …"*

„Und wisst ihr denn auch, welche Sprache in Peru gesprochen wird?" Connie, die Leseratte, die Bücher naschte wie andere Leute Süßigkeiten, pustete sich die weißblonden Haare aus der Stirn und sagte leise und etwas verlegen, weil sie mal wieder Bescheid wusste: „Spanisch."

Kaum hatte sie es gesagt, kuckten alle zu Sascha hin. Seine Eltern besaßen auf Mallorca ein Haus. In fast allen Ferien flogen Saschas Eltern mit ihm und seinem großen Bruder dorthin und danach wusste Sascha jedes Mal tolle Sachen von seinen spanischen Freunden zu berichten. Mit denen, so hatte er erzählt, müsse er natürlich spanisch reden, die könnten ja kein Deutsch. Wenn in Peru spanisch gesprochen wurde, musste der Neue diese Sprache auch können. Dann war Sascha nicht mehr der einzige „Spanier" in der Klasse.

„Kannst du denn Spanisch?", fragte da auch schon Frau Stein.

Enno nickte nur still und gleich schlug Hennie vor: „Sag mal was zu Sascha. Der kann auch Spanisch. Mal sehen, wie sich das anhört, wenn zwei spanisch miteinander reden." „Bist du blöd geworden?" Sascha kuckte böse. „Ich bin doch nicht dein Versuchskaninchen!" „Aber du hast doch etwas Spanisch gelernt", meinte auch Frau Stein. „Ist es denn so schlimm, mal eine kleine Kostprobe davon zu geben? Dass du kein Spanier bist, wissen wir. Du brauchst dich also nicht zu genieren." Und sie nickte Enno auffordernd zu. „Fang du an. Begrüß Sascha einfach mal. Sag: Guten Tag, ich bin noch neu in Bakenburg. Lebst du hier in einer schönen Stadt?"

Es klang lustig, was er sagte, aber niemand in der Klasse verstand auch nur ein einziges Wort. Außer „Bakenburg" natürlich. Neugierig blickten alle zu Sascha hin. Der aber verschränkte nur die Arme hinter dem Kopf.

„Ich mach doch bei solchen Kindergarten-Spielchen nicht mit."

Konnte er vielleicht gar kein Spanisch? Auf jeden Fall war er sehr verlegen, der Mister Klassenkönig, der sonst immer in allem der Beste und Erste sein wollte, im Sportunterricht, beim Spielen auf dem Schulhof und ganz besonders auf Ausflügen. „Sag noch mal was, Enno."

Und da plapperte der dunkelhaarige Junge plötzlich los, hielt eine richtig lange Rede, von der wiederum niemand auch nur ein einziges Wort verstand. Danach strahlte er alle an, als wäre er zum ersten Mal nicht traurig, dass er in ihre Klasse gekommen war. Frau Stein lachte und wollte etwas sagen, Hennie jedoch war schneller. „Hast du das jetzt verstanden?“, fragte sie und lächelte Sascha dabei so spöttisch zu, dass er ganz dunkelrot wurde und ihr wütend einen Vogel zeigte.

„So gut wie du spanisch sprichst, bist du sicher in Peru aufgewachsen“, sagte Frau Stein nun zu Enno. „Erzähl uns mehr darüber. Was haben deine Eltern dort gearbeitet, wie lange habt ihr dort gelebt?“ Enno stand auf, und es war ihm deutlich anzusehen, dass er eigentlich nicht erzählen wollte. Jetzt sollte er ja deutsch reden und das machte ihm längst nicht so viel Spaß wie spanisch. Die ersten Worte brachte er nur stockend, fast widerwillig heraus. Aber dann geriet er in Fahrt, sein Gesicht rötete sich und er schwärmte nur noch so von der Stadt Lima und dem Land Peru. Als er drei Jahre alt war, so erfuhren Frau Stein und die Klasse, waren seine Eltern mit ihm dort hingezogen. Sein Vater, ein Ingenieur, arbeitete bei einer deutschen Firma, die auch in Peru eine Fabrik besaß. Ennos Mutter war bei der deutschen Botschaft beschäftigt. Sechs Jahre waren sie dort geblieben. Sie hatten am Stadtrand gewohnt, in einem Viertel, in dem viele Europäer lebten, und Enno war erst in einen internationalen Kindergarten und dann in die deutsche Schule gegangen. Sie hatten ein Haus für sich gehabt und dazu noch eine Haushälterin namens Esmeralda, die sehr nett war und von der Enno das meiste Spanisch gelernt hatte. Und sie hatten viele Ausflüge unternommen, an den endlos langen Strand vor Lima, an ganz einsame, felsige Meeresbuchten und in die Berge. Dort hätten sie in heißen Quellen gebadet, die ganz tief aus dem Gebirge kamen. Südamerika, so sagte Enno am Schluss, sei sehr schön, viel schöner als Deutschland. Und er wollte noch etwas hinzufügen, brachte es aber nicht heraus, weil er auf einmal weinen musste.

Da war es sofort ganz still in der Klasse, und Hennie, die immer gleich rührselig wurde, hätte beinahe mitgeweint. Nur Dennis wollte dem immer noch beleidigten Sascha einen Gefallen tun. „ Ich hab's im Fernsehen gesehen“, sagte er, „in Südamerika sind alle ganz arm. Da hungern die Leute und beklauen sich gegenseitig. Und manchmal bringen sie einander sogar um.“

Sofort versiegten Ennos Tränen. „Natürlich gibt's da viele Arme“, widersprach er. „Aber nicht alle sind Verbrecher. Außerdem sind die Leute dort viel freundlicher als in Deutschland. Da wird viel mehr gelacht und nicht so viel geschimpft. Ich wäre gern für immer dort geblieben.“

Klaus Kordon

1 Überlegt, was ihr aus dem Text erfahren habt. Markiert Wichtiges und schreibt Stichwörter auf.

2 Wie könnte der Text weitergehen? Schreibt es auf.

Buch S. 15

Reisterrassen auf Bali (Indonesien)

Das Grün ist es, das einem in dieser Landschaft als Erstes auffällt. Das Grün der Pflanzen, das Grün von allem, was wächst. Doch man erkennt schnell, dass diese Landschaft – genauso wie die Felder bei uns – von Menschen geschaffen wurde, von unseren Mitmenschen in Asien. Warum? Wir in Europa essen Brot. Es wird zum Beispiel aus Weizen oder Roggen gemacht, das in der Mühle zu Mehl vermahlen wird. Seit jeher ist für die Menschen in Asien der Reis das, was für uns Weizen ist. Reis ernährt täglich drei Milliarden Bewohner unseres Planeten. Die Reispflanze wächst am liebsten im Wasser. Wie stellt man es an, dass sie ständig feucht ist? Man richtet ein Bewässerungssystem ein. Dazu muss man nur eine Quelle so umleiten („fassen" ist der richtige Ausdruck dafür), dass das Rinnsal von der Hügelkuppe aus in einem Netz von Kanälen von Terrasse zu Terrasse geleitet wird. Das Wasser füllt dann kleine Becken, die wie die Stufen einer riesigen Treppe angeordnet sind. Das Wasser fließt von einem Reisfeld zum nächsten, nährt die Pflanzen und rinnt zur darunter liegenden Etage. Immer weiter, ohne Ende. So haben die Pflanzen in den Reisfeldern alles, was sie brauchen: einen umsichtigen Bauern, guten Boden, die Sonne von Bali und immer genug Wasser.

Yann Arthus-Bertrand

1 Was bedeutet Reis für die Menschen in Asien?

2 Wie wird Reis angebaut? Was ist dafür besonders wichtig?

3 Erkundige dich, in welchen Ländern Reis angebaut wird.

Han erzählt

Darf ich vorstellen: meine Familie. Mein Vater Chang Peng – er ist der Dorfchef –, meine Mutter Qiu Jin und meine kleine Schwester Xia Tun. Wir in China sind über eine Milliarde Menschen. Ganz schön viele. Deshalb unternimmt die Regierung alles Mögliche, damit jede Familie nur ein Kind bekommt. Ich kann also von Glück reden, dass ich eine kleine Schwester habe. Obwohl – sie heult ziemlich viel …
Unsere Region Guizhou in den Hochebenen Südchinas gehört zu den ärmsten Provinzen im ganzen Land. Zum Glück haben wir ein kleines Reisfeld und können uns jeden Tag satt essen. Von da komme ich gerade, deswegen sind meine Schuhe noch voller Schlamm. Die Reispflanzen sehen ein bisschen so aus wie Weizen, nur dass sie lieber im Wasser stehen. Die Reisfelder sind wunderschön! Manchmal sieht man den Himmel und die Wolken im Wasser wie in einem Spiegel. Was da gerade so brodelt, ist das Teewasser auf dem großen Ofen. Den benutzen wir übrigens auch als Tisch. Tee trinken wir jeden Tag, davon gibt es alle möglichen Sorten: schwarzen, roten, grünen, gelben … Ein paar Blätter in kochendes Wasser, fertig.
Gleich gehe ich in den Hof und unterhalte mich mit den Tieren. Mit dem starken Büffel, der uns bei der Feldarbeit hilft; mit den Schweinen, den Hühnern und den Enten. Obwohl, am liebsten habe ich ja Drachen um mich herum, mit Hörnern oder Flügeln – all die Wesen aus den chinesischen Märchen und Legenden eben.

1 Wo lebt Han?

2 Was findest du besonders erstaunlich von dem, was Han erzählt?

3 Vergleiche diesen Text mit dem Text „Reisterrassen auf Bali“.
Was ist ähnlich? Was ist verschieden?

Eine Spielbeschreibung überarbeiten

Gusamata

Es kann von mehreren Kindern gespielt werden. Alle Kinder setzen sich auf dem Boden in einen Kreis. Das Kind, das beginnt, legt zuerst sechs Steine vor sich auf den Boden. Den siebten Stein wirft es in die Luft. Schnell nimmt es einen der Steine vom Boden auf. Mit derselben Hand fängt es den siebten Stein wieder auf, bevor er hinunterfällt.
Nun wird wieder ein Stein hochgeworfen und gleichzeitig ein Stein vom Boden eingesammelt. So geht es weiter, bis das Kind den geworfenen Stein nicht mehr fangen kann oder bis alle sechs Steine vom Boden eingesammelt sind. Dann ist das nächste Kind an der Reihe.
Haben dies alle Mitspieler einmal versucht, beginnt die zweite Runde. Nun müssen zwei Steine vom Boden aufgenommen werden. Mit derselben Hand muss auch der geworfene Stein wieder aufgefangen werden.

Tina

1 Überprüfe die Spielbeschreibung mit Hilfe der Checkliste.

Checkliste

Inhalt
- ✓ Wie viele spielen mit?
- ❍ Was wird benötigt?
- ❍ Wie beginnt das Spiel?
- ❍ Wie läuft es ab?
- ❍ Welche Regeln gibt es?
- ❍ Wie endet das Spiel?

Sprache
- ❍ Verben in der Gegenwartsform
- ❍ keine wörtliche Rede
- ❍ keine Beschreibung von Gefühlen und Gedanken
- ❍ verständlich erklären

2 Etwas fehlt in Tinas Beschreibung. Markiere die Stellen im Text, an die die folgenden Sätze passen. Nummeriere die Sätze und füge die Nummern in den Text ein.
Achtung: Ein Satz passt nicht in eine Spielbeschreibung. Streiche ihn durch.

- ◯ Gewonnen hat das Kind, das insgesamt die meisten Steine einsammeln konnte.
- ◯ Mugabo sagt: „Ich habe fünf Steine gefangen, jetzt bist du an der Reihe."
- ◯ Gusamata ist ein afrikanisches Spiel.
- ◯ Ein Stein gehört nun dem Kind. Den darf es zur Seite legen.
- ◯ Man braucht sieben kleine, glatte Steine, die etwa alle gleich groß sind.

Buch S. 37

Subjekt – Prädikat – Ergänzung

1 Lies den Zeitungsartikel.

Kenia

Kuss von Betty-June

Wenn Garrick Anderson zu Hause die Tür aufmacht, streckt ihm schon mal eine Giraffe die Zunge heraus. Betty-June und vier andere Giraffen sind die Haustiere seiner Familie in Kenia. Garricks Eltern führen dort ein kleines Hotel – was den Langhälsen prima gefällt: Schon beim Frühstück auf der Veranda stibitzen sie von den Gästen Butterbrote. Auch Garrick wird oft um Leckerbissen angebettelt. Die Andersons haben auf ihrem Anwesen auch ein Informationszentrum eingerichtet. Hoffentlich kommt das nicht zu spät. Denn Rothschild-Giraffen sind fast ausgerottet.

2 Schreibe die Sätze weiter. Ordne die Ergänzungen den Fragen zu.

Garrick lebt (Wo?) ______________________

Seine Eltern führen (Was?) ______________________

Die Familie besitzt (Wen?) ______________________

Fünf Giraffen laufen (Wo?) ______________________

Sie stibitzen (Was?) ______________________

(Wann?) ______________________

Auch Garrick gibt (Wem?) ______________________

(Was?) ______________________

Die Familie informiert (Wo?) ______________________

(Worüber?) ______________________

3 Markiere Subjekt Prädikat und Ergänzung .

Nachschlagen

1 Finde die richtigen Anfangsbuchstaben. Schlage im Wörterbuch nach.

C oder K?

der ___owboy

der ___omic

das ___haos

der ___osmos

der ___lown

der ___asten

V oder W?

der ___ampir

die ___ase

die ___affel

die ___itamine

die ___anille

das ___eltall

2 Suche diese Wörter im Wörterbuch.
Schreibe das Wort auf, unter dem du nachgeschlagen hast. Ergänze die Seitenzahl.

die Sommerferien	der Sommer + die	S. + S.
die Tränen	die	S.
sie versiegten		
er pfiff		
die Köpfe		
am ärmsten		
geimpft		
das Reisfeld		
die Kanäle		
es fließt		

Lernwörter-Training

1 Schreibe den Text als Knickdiktat.

In fremden Ländern
kochen die Einwohner
unbekannte Speisen.
Manche benutzen
Töpfe und Pfannen.
Andere grillen vor ihrer Hütte
über einem offenen Feuer.
Welche Speisen
aus dem Ausland
hast du gegessen?

2 Schreibe die Merkwörter zu den Bildern.

3 Ordne die Merkwörter der Länge nach.
Beginne mit dem längsten Wort.

Dickhäuter zu Wasser und zu Lande

Elefanteneinmaleins

Es war einmal ein kleiner Elefant mit einem großen Hunger. Von morgens bis abends fraß er Gräser und Blätter und Blätter und Gräser, bis er satt war. Dann legte er sich schlafen und träumte von riesigen Heubergen, durch die er sich genüsslich hindurchfraß. Wenn er morgens wach wurde, putzte er sich die Stoßzähne, trank 100 Liter Wasser – und machte einen großen Haufen, groß und rund wie ein Fußball: 1 Elefantenkloß.

Nun fühlte er sich leer und hungrig. Also fraß er weiter, Gräser und Blätter und Blätter und Gräser – und wurde satt, legte sich schlafen und träumte wieder von großen Heubergen. So vergingen die Tage – bis eines Morgens, nachdem er seine Stoßzähne geputzt, 100 Liter Wasser getrunken und einen großen Haufen gemacht hatte, noch ein großer, runder Haufen aus seinem Bauch kam.

Er sprang vor Freude in die Luft und ringelreihte im Kreise: 2 Elefantenklöße. Er trompetete, dass Gräser und Bäume erzitterten. Er hatte begriffen: Heute war sein Geburtstag, nun war er 2 Jahre alt.

Er beschloss, noch mehr zu fressen, damit er noch größer und noch älter wurde.

Er merkte gar nicht mehr, wie schnell und wie viel er verschluckte, bis eines Morgens 3 Elefantenklöße da waren.

Wie aufregend: eins, zwei, drei!

So vergingen die Jahre – und jedes Jahr kam der Tag, an dem der kleine Elefant, der längst kein kleiner Elefant mehr war, einen Kloß mehr machte, alle groß und rund wie Fußbälle, bis es fünfzig waren: 50 Elefantenklöße! Die Baby-Elefanten bewunderten diesen großen Haufen sehr – sie können noch nicht bis 50 zählen. Sie müssen erst lernen, dass 1 und 1 zwei ist und 2 und 1 drei. Beim Zusammenzählen muss man scharf denken, das wissen die alten Elefanten.

Die alten und klugen Elefanten wissen auch, wie viele Elefantenklöße ein Elefant bis zu seinem fünfzigsten Geburtstag gemacht hat: Im ersten Jahr 365 x 1, das sind 365, im zweiten Jahr 365 x 2, im dritten Jahr 365 x 3 … und so weiter und so fort. Alles zusammen 465 375 Elefantenklöße. Ein Riesenberg – auch die klügsten Elefanten können ihn sich nicht mehr vorstellen. Unser Elefant war sehr glücklich, dass er nun jeden Morgen bis fünfzig zählen konnte.

Aber am 365. Tag geschah etwas Merkwürdiges: … sechsundvierzig … siebenundvierzig … achtundvierzig … neunundvierzig … Schluss.

Er drückte und druckste – es blieb bei neunundvierzig. Hatte er sich verzählt? Sorgfältig begann er nachzuzählen, aber er hatte sich nicht geirrt: neunundvierzig.

Der große Elefant war sehr erstaunt und dachte lange nach, ohne eine Erklärung zu finden. Am nächsten Morgen und übernächsten und überübernächsten Morgen das Gleiche: neunundvierzig Elefantenklöße.

Nun war der Elefant sehr neugierig, was an seinem nächsten Geburtstage geschehen würde.

Am Morgen des 365. Tages putzte er seine Stoßzähne nur flüchtig und spülte die 100 Liter Wasser mit einem Schluck hinunter. Dann zählte er laut mit: eins, zwei, drei … … sechsundvierzig … siebenundvierzig … achtundvierzig … und dabei blieb es.

Nun begriff er, dass er ____________ **seines Lebens** überschritten hatte.

Helme Heine

1 Ergänzt die fehlende Textstelle. Begründet eure Entscheidung.

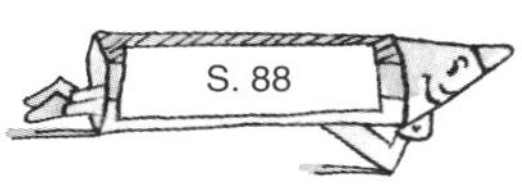

Zwei Texte vergleichen

Der Schneider und der Elefant

Ein Schneider saß vor seiner Haustür und hatte einen Korb Äpfel neben sich stehen. Da kam ein Elefant vorbei, der zur Tränke getrieben wurde. Als der Elefant die Äpfel sah, stand er still, streckte seinen Rüssel hin und holte einen nach dem anderen weg. Der Schneider wollte die Äpfel lieber selber essen. Als der Rüssel wiederkam, stach er mit seiner Nadel hinein. Der Elefant machte „Prrr" und ging weiter zur Tränke. Er trank sich satt und nahm einen Rüssel voll Wasser mit zurück. Als er wieder zum Schneider kam, stellte er sich vor ihn hin und blies ihm das Wasser ins Gesicht und über den ganzen Leib und ging weg.
Wer sich unbedingt einmal rächen will, soll dies mit einem Mund voll Wasser tun – so fügt man niemandem ernstlichen Schaden zu.

Verschiedene Elefanten

Afrikanische Steppenelefanten können vier Meter groß werden und über sieben Tonnen wiegen. Ihr Rücken wölbt sich nach unten und sie haben an jedem Hinterfuß drei Zehen. Ihr Rüssel hat mehr Falten als der des Indischen Elefanten und wirkt schlaff. Außerdem hat der Rüssel am Ende zwei „Finger". Männchen und Weibchen haben Stoßzähne. Indische Elefanten können 3,5 Meter groß werden und bis zu 5,5 Tonnen wiegen. Ihr Rücken ist gewölbt oder gerade, sie haben vier Zehen an jedem Hinterfuß. Ihr Rüssel ist eher fest und hat am Ende einen „Finger". Nur die Bullen haben sichtbare Stoßzähne. Die Ohren der afrikanischen Elefanten sind doppelt so groß wie die der Indischen. Nicht so schnell zu sehen sind die dichten Spiralen auf den Zähnen der Indischen Elefanten im Gegensatz zu den breiten, rautenförmigen Kauflächen der afrikanischen.

Vergleicht die beiden Texte:

1 Was ist gleich?

____

2 Worin unterscheiden sich die beiden Texte?

____

3 Wodurch entsteht die unterschiedliche Wirkung?

____

4 An wen wenden sich die Texte?

____

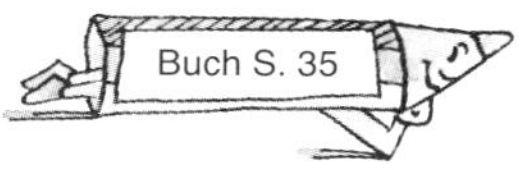

Ein Rondell schreiben

1 Niko hat zu dem Foto ein Rondell geschrieben. Wie viele Zeilen hat es?
Markiere gleiche Zeilen in der gleichen Farbe.

Endloses Meer
Ich tauche hinab in das tiefe Blau
Wasser schäumt auf
Endloses Meer
Gischt steigt zum Himmel
Mit meiner Fluke sage ich Lebewohl
Endloses Meer
Ich tauche hinab in das tiefe Blau

Niko

2 Schreibe selbst ein Rondell.
Löse zuerst die Aufgaben auf der nächsten Seite.

1. ○ ______________________________
2. ● ______________________________
3. ______________________________
4. ○ ______________________________
5. ______________________________
6. ______________________________
7. ○ ______________________________
8. ● ______________________________

1 Schreibe deine Gedanken zu dem Foto auf.

2 Formuliere jetzt eine kurze, treffende Aussage zu dem Foto.

3 Beginne mit dieser Aussage dein Rondell. Schreibe den Satz in die 1., 4. und 7. Zeile.

4 Lies dir den ersten Satz noch einmal durch. Was fällt dir dazu noch ein?
Schreibe deinen Gedanken auf.

Dies wird der 2. Satz in deinem Rondell.
Schreibe diesen Satz auch in die 8. Zeile.

5 Ergänze die übrigen Zeilen.

Sieben blinde Mäuse

Sieben blinde Mäuse entdeckten eines Tages etwas Seltsames in der Nähe ihres Teiches. „Was ist das?“, riefen sie überrascht und rannten nach Hause. Als Erste lief am Montag die rote Maus hinaus, um das Geheimnis zu lüften. „Das ist eine Säule“, sagte sie. Niemand glaubte ihr. Am Dienstag zog die zweite Maus aus. Sie war grün. „Das ist eine Schlange“, sagte sie. „Nein“, sagte die gelbe Maus am Mittwoch. „Das ist ein Speer.“ Sie war als Dritte an der Reihe. Die vierte Maus war lila. Sie lief am Donnerstag hinaus. „Das ist eine große Klippe“, sagte sie. Am Freitag machte sich die fünfte Maus auf den Weg. Sie war orange. „Das ist ein Fächer!“, rief sie. „Er hat sich bewegt!“ Die blaue Maus zog am Samstag aus, als sechste. Sie sagte: „Das ist nur ein Seil.“ Aber die anderen waren nicht ihrer Meinung. Sie begannen sich zu streiten. „Eine Schlange!“ „Ein Seil!“ „Ein Fächer!“ „Eine Klippe!“ Bis am Sonntag die weiße Maus, die siebente Maus, zum Teich ging. Als sie zu dem seltsamen Ding kam, lief sie an einer Seite hinauf und an der anderen Seite hinunter. Sie lief ganz oben der Länge nach hinüber, von einem Ende zum anderen. „Ah!“, sagte die weiße Maus. „Jetzt verstehe ich. Es ist fest wie eine Säule, geschmeidig wie eine Schlange, weit wie eine Klippe, scharf wie ein Speer, luftig wie ein Fächer, faserig wie ein Seil, aber alles in allem ist es … ein Elefant!“ Da liefen auch die anderen Mäuse an der einen Seite hinauf und an der anderen Seite hinunter. Und als sie ganz oben der Länge nach hinüberliefen, von einem Ende zum anderen, da gaben sie ihr Recht. Jetzt verstanden auch sie. Die Lehre für die Mäuse: Wissen in Teilen macht eine schöne Geschichte, aber Weisheit entsteht, wenn wir das Ganze sehen.

Ed Young

1 Was entdecken die ersten sechs blinden Mäuse?

2 Was findet die siebente Maus heraus? Wodurch gelingt ihr das?

3 Diese Geschichte könnt ihr mit Stabpuppen szenisch spielen. Nehmt dazu Tonkarton für die Mäuse und den Elefanten.

Sprachproben

1 Welcher Text hört sich besser an?

Schwertwale gehen gemeinschaftlich auf die Jagd. Sie teilen dann ihre Beute untereinander. Sie haben scharfe, kegelförmige Zähne, mit denen sie ihre Beute packen.
Sie jagen meist dicht vor der Küste Robben und Delfine. Ein Schwertwal schiebt sich manchmal auf den Strand hinauf, um eine Robbe zu erwischen.

Schwertwale gehen gemeinschaftlich auf die Jagd und teilen dann ihre Beute untereinander. Sie haben scharfe, kegelförmige Zähne, mit denen sie ihre Beute packen.
Meist jagen sie dicht vor der Küste Robben und Delfine. Manchmal schiebt sich ein Schwertwal auf den Strand hinauf, um eine Robbe zu erwischen.

2 Begründe deine Meinung.

DELFINE

DELFINE | GEBÄREN | UNTER WASSER.

DIE MUTTER | BLEIBT | WÄHREND DER GEBURT

DICHT UNTER DER WASSEROBERFLÄCHE.

DIE MUTTER | BRINGT | DAS NEUGEBORENE | RASCH

ZUM ERSTEN ATEMZUG | HOCH.

MAN | NENNT | EIN DELFINBABY | KALB.

EIN KALB DES GROßEN TÜMMLERS | IST | BEI DER GEBURT

ETWA EINEN METER LANG.

ES | WIRD | MEHRERE MONATE LANG | GESÄUGT.

ES | FÄNGT | ERST | DANACH | SEINE NAHRUNG | SELBST.

DIE MUTTER | BETREUT UND SCHÜTZT | IHR KALB | FAST ZWEI JAHRE LANG.

3 Überlege bei jedem Satz, ob er im Text besser klingt, wenn du ihn umstellst.
Schreibe den Text auf.

Delfine gebären unter Wasser. Während der Geburt …

Wörter mit ß

1. Ergänze zu den Verben Wörter der Wortfamilie. Prüfe sie mit dem Wörterbuch.

beißen
der Biss, abbeißen
der Hundebiss, bissig

fließen

grüßen

genießen

spaßen

stoßen

2. Was fällt dir beim Wortstamm auf? Markiere in den Wörtern den s-Laut.

3. Verlängere die Wörter und zerlege sie in Silben. Achte auf die Aussprache des s-Lautes.

das Maß, die Maße, die Ma – ße
der Fuß
der Strauß
der Fleiß
der Spaß

Stoß Rippen **Fleiß**
Bremse Arbeit Weg
Bad Riesen **Maß**
Spaß Band
Fuß Matte
Abdruck

4. Bilde zusammengesetzte Nomen. Schreibe sie mit dem Artikel auf.

Lernwörter-Training

1 Ergänze die Tabelle. Achte auf ß und ss!

Grundform	Gegenwartsform	Vergangenheitsformen	
schnaufen		sie schnaufte	sie hat
	er heult		
		sie hieß	
			er hat gestoßen
beißen			
	ich genieße		
grüßen			
		sie vergaß	
			er hat geschlossen

2 Suche Wortfamilien zu diesen Wörtern:

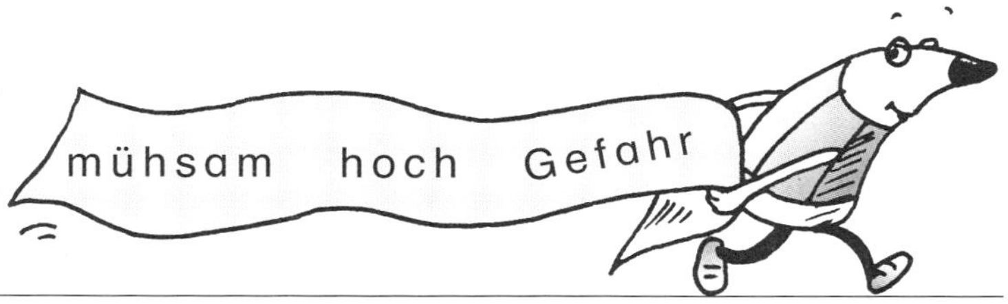

3 Ordne die Merkwörter nach dem Alphabet.

Eule	neun	Leute
euch	Feuer	Euro
Beute	freuen	heute

Bauer, Turm und Bücherwurm

Das Bauernspiel

Als Vorbereitung für das richtige Schachspiel kannst du auf einem Schachbrett zunächst mit nur wenigen Figuren anfangen. Beginne mit den Bauern und dem König. Dafür musst du Folgendes wissen: Die Bauern sind sozusagen das Fußvolk, das im Kampf vorn marschiert und manchmal auch geopfert werden muss. Deshalb darf ein Bauer auch nie zurückgehen! Dies ist eine wichtige Regel. Der Bauer geht in Einerschritten vorwärts.
Nur am Anfang, wenn er noch auf seiner Ausgangsposition steht, kann er auch einen Doppelschritt machen. Eine weitere wichtige Regel ist, dass ein Bauer nur schräg schlagen darf, nach rechts oder links, das ist egal. Eine Figur, die gerade vor ihm steht, darf ein Bauer also nicht schlagen.
Wenn ein Bauer die gegenüberliegende Seite erreicht hat, kann man sich wünschen, in welche andere Figur der Bauer umgetauscht werden soll. Vielleicht in eine Dame oder einen Läufer, ein Pferd oder einen Turm? Nur einen König darf man sich nicht wünschen.
Der König ist eine sehr wichtige Figur im Spiel und muss gut geschützt werden. Er bewegt sich langsam und bedächtig, immer nur ein Feld vorwärts, rückwärts oder diagonal. Genauso schlägt er auch.
Beim Bauernspiel ist das Ziel, als Erster mit einem Bauern auf die Grundlinie des Gegners zu gelangen und den Bauern austauschen zu dürfen. Hier ist unser Übungsspiel zu Ende.
Beim richtigen Schach geht es dann natürlich mit der neuen Figur weiter.
Nun also los: Weiß beginnt, dann macht jeder abwechselnd einen Zug. Wenn nötig, kann auch der König zum Einsatz gebracht werden.

______

______

______

______

______

______

1 Unterstreiche im Text.

1. Wie lautet eine wichtige Regel für die Bauern?
2. Wie viele Schritte geht der Bauer im Normalfall vorwärts?
3. Wann darf der Bauer zwei Schritte nach vorne gehen?
4. Wie schlägt der Bauer?
5. Wie zieht der König?
6. Wer ist beweglicher, der Bauer oder der König?
7. Was ist das Ziel beim Bauernspiel?

2 Beantworte die Fragen schriftlich.

3 Beschrifte die Figuren.

4 Spielt das Bauernspiel nach den Regeln.
(Statt der Schachfiguren könnt ihr auch verschiedenfarbige Steine benutzen.)

Von allerlei Büchern

1 Vergleicht die beiden Gedichte miteinander.
Sie haben gleiche und unterschiedliche Aussagen.

Zwei Bücher

Das eine versprach: „Ich mache dich klug,
in mir stehen Weisheiten mehr als genug.“

Das andere meinte: „Ich mache dir Spaß.“
Da las ich das Buch und las und las –

und las dann im klugen Buch weiter,
doch das lustige war viel gescheiter.

Hans Baumann

Nimm ein Buch

Nimm ein Buch, mach es auf:
Du kommst auf was drauf.

Lass es sein, mach es zu:
Es gibt keine Ruh.

So ist das eben:
Die Bücher leben.

Wolf Harranth

2 Schreibe das Gedicht, das dir am besten gefällt, ab.

Das Telefonbuch

Das Nashorn hatte ein altes Telefonbuch gefunden und brachte es seinem Freund, dem Schmetterling, um ihm daraus vorzulesen. Und dann hörte, der Schmetterling Geschichten.
Von großen Nashörnern, von kleinen Nashörnern und von Schmetterlingen, von Liebe und von Freundschaft ...
„Ich bewundere dich!“, sagte der Schmetterling.
„Und ich wusste gar nicht, dass du überhaupt _______________ kannst.“
„Kann ich auch nicht!“, sagte stolz das Nashorn.
„Aber ich kann mir alles ganz genau vorstellen ...“

Bernd Kohlhepp

3 Ergänze das richtige Wort und begründe deine Entscheidung.

4 Wie könnte man den Text in Abschnitte einteilen? Markiere.

5 Schreibe den Text mit dem Computer ab, sodass man deine Abschnitte erkennt.
Übe dann den Lesevortrag.

Lesevortrag

1 Übe den Lesevortrag. Spiele dabei mit deiner Stimme.

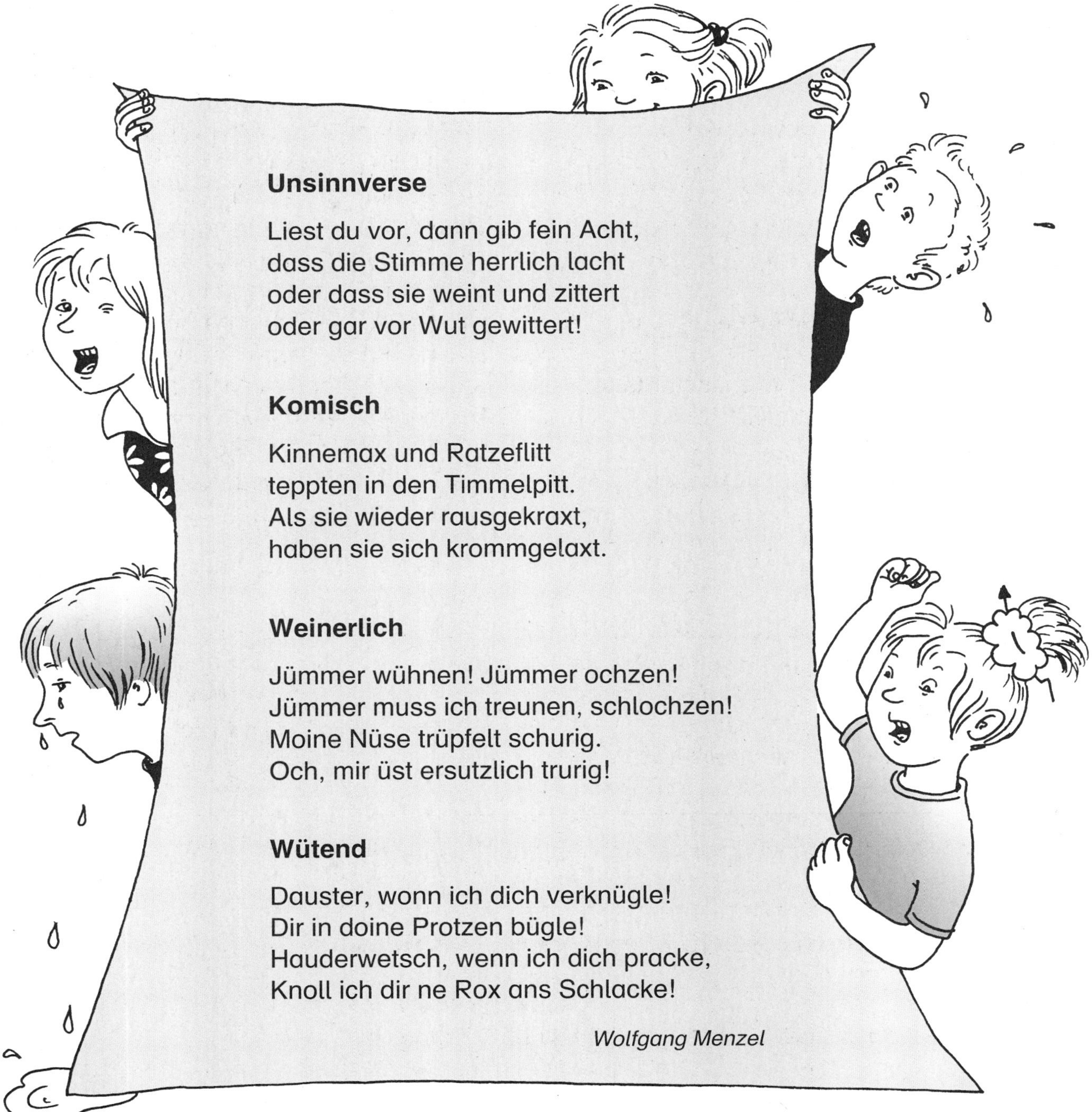

Unsinnverse

Liest du vor, dann gib fein Acht,
dass die Stimme herrlich lacht
oder dass sie weint und zittert
oder gar vor Wut gewittert!

Komisch

Kinnemax und Ratzeflitt
teppten in den Timmelpitt.
Als sie wieder rausgekraxt,
haben sie sich krommgelaxt.

Weinerlich

Jümmer wühnen! Jümmer ochzen!
Jümmer muss ich treunen, schlochzen!
Moine Nüse trüpfelt schurig.
Och, mir üst ersutzlich trurig!

Wütend

Dauster, wonn ich dich verknügle!
Dir in doine Protzen bügle!
Hauderwetsch, wenn ich dich pracke,
Knoll ich dir ne Rox ans Schlacke!

Wolfgang Menzel

2 Lies die folgenden Sätze mal komisch, mal traurig oder wütend.
Lass einen Partner raten, was gerade zutrifft.

- ❍ Gestern ist mir mein Ball in den Garten der Nachbarn gerollt.
- ❍ Der Zauberlehrling muss zusehen, wie der Besen immer mehr Wasser heranschafft.

Goethe

Aus Goethes Leben

Johann Wolfgang Goethe ist ein sehr berühmter deutscher Dichter.
Er wurde am 28.8.1749 in Frankfurt am Main geboren.
Zuerst war er Rechtsanwalt in Frankfurt und Wetzlar. Im Jahre 1775 folgte er der Einladung nach Weimar. Dort wurde er in hohe Staatsämter berufen, zum Beispiel trug er lange Zeit seines Lebens den Titel „Geheimrat“.
Goethe interessierte sich sehr für die Naturwissenschaften. Er beschäftigte sich mit Pflanzen und Tieren, sammelte Steine und wusste auch über viele andere Dinge gut Bescheid.
Berühmt wurde er aber durch seine Schreib- und Dichtkunst. Er schrieb viele Dramen, Romane, Balladen und andere Gedichte. Bis heute werden seine Werke in der ganzen Welt gelesen und seine Theaterstücke aufgeführt.
Die Ballade „Der Zauberlehrling“ kennt ihr bereits. Sie ist im Jahr 1797 entstanden.
Goethe hat viele Reisen unternommen. Er reiste sehr gern, besonders nach Italien.
Verheiratet war er mit Christiane Vulpius.
Zu seiner Zeit lebten so berühmte Leute wie der Dichter Friedrich Schiller, mit dem Goethe befreundet war, und die Musiker Ludwig van Beethoven und Wolfgang Amadeus Mozart. Auch Kaiser Napoleon aus Frankreich und Friedrich II., König von Preußen, waren Zeitgenossen.
Goethe starb am 22.3.1832 in Weimar.

1. Wie alt wurde Goethe?

____

2. Welche Musiker lebten zu seiner Zeit?

____

3. Wodurch wurde Goethe berühmt?

____

4. Welche Ballade kennst du schon von Johann Wolfgang Goethe?

____

5. Hatte Goethe auch noch andere Interessen als das Dichten?

____

6. Denkst du, dass Goethe ein kluger Mann war? Begründe.

____

7. Was ist eine Ballade?

____

Alles zu seiner Zeit

Hat alles seine Zeit
Das Nahe wird weit
Das Warme wird kalt
Der Junge wird alt

Das Kalte wird warm
Der Reiche wird arm
Der Narre gescheit
Alles zu seiner Zeit.

Johann Wolfgang Goethe

Goethe in der Campagna (Italien)
Gemälde von Johann Heinrich Wilhelm Tischbein (1751–1829)

Lesetagebuch

Ein Lesetagebuch kannst du anlegen, damit du lange behältst, was du gelesen hast und was dir an einem Buch besonders gefallen hat.

1 Was könnte in einem Lesetagebuch stehen? Streiche drei falsche Vorschläge durch.

Ich kann

- meine Gedanken zu einem gelesenen Buch dort aufschreiben.
- den Text kurz nacherzählen.
- Textstellen herausschreiben, die mir sehr gut gefallen haben oder wichtig sind.
- meine Meinung zu dem Buch äußern.
- aufschreiben, welches Kapitel oder welche Seiten ich gerade lese.
- meine Hausaufgaben darin machen.
- Lernwörter darin üben.
- Figuren oder eine Bilderfolge zu dem Buch zeichnen.
- aufschreiben, was ich beim Lesen gefühlt habe.
- vom letzten Fernsehfilm etwas schreiben.

2 Wähle ein Buch aus, zu dem du ein Lesetagebuch schreiben willst.

3 Überlege, wie dein Lesetagebuch aussehen soll.

Zukunft

1 Schreibe die Sätze in der Zeitform **Zukunft** in die Tabelle.

aufgehen	**wird … werden …**
Die Sonne geht auf.	
Der Kuchen geht auf.	
Die Blüten gehen auf.	
Die Rechnung geht auf.	
werfen	**wird … werden …**
Der Junge wirft den Ball.	
Der Baum wirft Schatten.	
Die Katze wirft Junge.	
Die Sonne wirft ihre Strahlen	
auf mein Gesicht.	
ziehen	**wird … werden …**
Wir ziehen in die Stadt.	
Ich ziehe eine Karte.	
Es zieht mich hier weg.	
Im Zimmer zieht es.	

2 Klärt die unterschiedlichen Bedeutungen der Verben.

Im Wald

Daniela wird mit anderen Kindern und ihrem Vater ein Wochenende im Wald verbringen. Danielas Vater erzählt: „Wir werden unser eigenes Brot backen. Dazu werden wir uns selbst einen Backofen bauen. Wir werden ein Loch in einen Abhang graben. Diese Mulde werden wir mit einer Art Tür aus Weidengeflecht und Lehm verschließen.“

3 Unterstreiche die Zeitform Zukunft.

Daniela erzählt den anderen Kindern, was sie sonst noch alles tun werden: Tiere beobachten, einen Berg besteigen, ohne Zelt schlafen, Feuer machen …

4 Schreibe auf, was die Kinder tun werden:
Wir werden …

Kontrollieren und korrigieren

1 Kontrolliere durch Nachdenken und begründe.

kommt von | durch Verlängern | mit der Endung oder Vorsilbe

en__lich – mit **d**, kommt von ______

tr___men – mit ______

__erdienen – mit ______

run__ – mit ______

Wor__ – mit ______

nummer__ren – mit ______

har__ – mit ______

pass__ren – mit ______

h__sslich – mit ______

__orwärts – mit ______

2 Ergänze die Wörter durch Nachschlagen. Schreibe die Seitenzahl aus dem Wörterbuch dazu. Schreibe den Text dann richtig ab.

Wenn du ein Buch vorstellen möchtest, solltest du vorher über __olgende (S.   ) Fragen nachdenken:

Wie hei__t (   ) der Titel des Buches?

Wer i__t (   ) die Autorin oder der Autor?

Welche Han__lung (   ) hat die Geschichte?

Welchen Abschnitt möchte ich __ielleicht (   ) vorlesen?

Warum hat mir das Buch gefallen, dass ich es empf__len (   ) möchte?

3 Welche Wörter sind falsch geschrieben? Markiere sie und schreibe sie richtig auf.

Der Zauberlehrling erfräute sich zunächst an dem Besen des Meisters. Doch seine freude dauerte nich lange. Denn alz der Besen ihm nicht mer gehorchte, wurde im sehr engstlich zumute. Da passirte es. Das Wasser lif und lif und hörte nicht mer auf. Der Zauberlerhlig rief seinen Meister. Der Meister befal dem Besen, sovort aufzuhörn. Und der Besen gehorchte.

Lernwörter-Training

1 Ergänze die fehlenden Buchstaben.

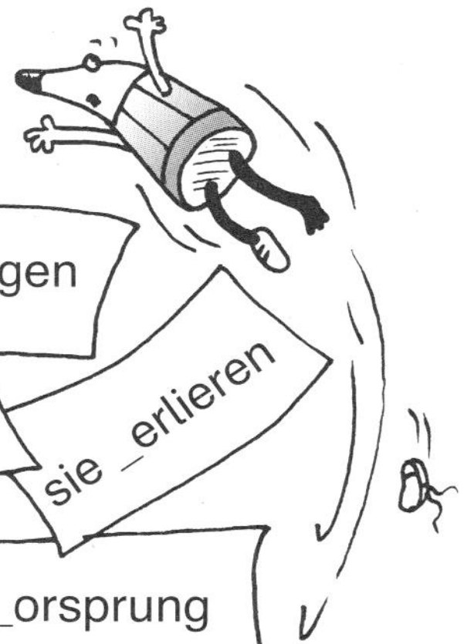

_esprungen | _erlust | sie _pringt | _eggesprungen
_prung | er _erlor | du _erlierst | _bspringen | sie _erlieren
_erliererin | _bsprung | _prungbrett | _orsprung

2 Ordne die Wörter richtig zu. Achte auf die Groß- und Kleinschreibung.

springen ______________________________

____

verlieren ______________________________

3 Richtig oder falsch? Streiche die falschen Sätze durch und schreibe die richtigen Sätze auf.

Beim Schach kann man nicht nur verlieren oder gewinnen, sondern eine Partie Schach kann auch patt enden. Das heißt, keiner hat gewonnen oder verloren. Der König und die Dame sind wichtige Figuren. Aber die Bauern sind wichtiger. Sie dürfen vorwärts und rückwärts gehen. Beim Schach muss man sehr aufpassen, sonst ist der eigene König schnell matt gesetzt. Dann hat man verloren.

4 Setze die passenden Merkwörter ein.

1. Eine Maschine füllt mit Hilfe einer genauen ___________ automatisch ___________ in Packungen zu je 50 g.
2. Das glückliche ___________ machte einen schönen Ausflug mit dem ___________.
3. Im Garten hat sich am Rand der ___________ viel ___________ angesetzt.
4. Nach einer Schlittenfahrt hatte sich ___________ wie ein weißer Schleier auf ihre ___________ gelegt.
5. Im Sommer sind im Garten die ___________ reif.

Saal
Paar
Haar
Waage
Schnee
Tee
Beete
Beeren
Boot
Zoo
Moos

Von rostigen Rittern und listigen Leuten

Ritter Griesbart und sein Drache

Ritter Griesbart von der Tann hatte schon zehn Jahre seines Lebens damit verbracht, einen sechsköpfigen Drachen zu jagen. Seine Rüstung hatte dabei so manche Delle davongetragen, und der Drache hatte so manchen Kopf verloren. Aber die beiden jagten immer wieder aufs Neue hintereinander her. Tagaus, tagein.

Eines Morgens tauchte Ritter Griesbart wie immer in blank geputzter Rüstung und mit scharf geschliffenem Schwert vor der Höhle des Drachen auf und begann, den Drachen zu beschimpfen.

„Heda! Ekelhafter Erdwurm!", brüllte der Ritter. „Feuer speiender Menschenfresser, widerlicher Wiesenwühler. Dein Bezwinger ist gekommen. Wohlan, stell dich dem ritterlichen Kampf!"

Der Drache steckte einen seiner gewaltigen Köpfe aus der Höhle, blies ein paar Rauchwölkchen in Griesbarts Richtung und gähnte.

„Nein!", knurrte er. „Ich habe keine Lust!"

Dem edlen Ritter fiel vor Schreck der Schild aus der Hand.

„Aber, aber …", stotterte er. „Was soll das heißen? Bist du etwa krank?"

„Nein. Ich hab einfach keine Lust mehr."

Damit drehte sich der Drache um und trottete in seine Höhle zurück.

„Hey, bleib hier!", brüllte der Ritter ihm nach. „Was ist mit morgen?"

„Gar nichts ist mit morgen!", fauchte der Drache. „Ich bin diese alberne Jagerei leid. Mach, dass du in deine Burg kommst. Auf Nimmerwiedersehen."

Und schon war er im Dunkel der Höhle verschwunden. Fassungslos starrte Ritter Griesbart auf sein nutzloses Schwert.

Was nun? Wo sollte er jetzt einen neuen Drachen herbekommen? Wozu war ein Ritter denn nutze, der hinter nichts und niemandem herjagte? Eine lächerliche Blechfigur war er, nichts weiter. In Ritter Griesbarts breiter Brust mischten sich Wut und Verzweiflung.

„Komm raus!", schrie er mit bebender Stimme. „Komm raus, du elender Feigling! Du Drückeberger! Du faules Drachenluder! Schuppiges Scheusal! Gemeiner Verräter!"

Nichts rührte sich. Der Drache streckte nicht mal die Nasenspitze heraus. Ritter Griesbart sprang mit wildem Gebrüll vom Pferd und stürmte mit gezogenem Schwert in die Drachenhöhle.

Schimmernd lag der Drache in der Dunkelheit. Er verspeiste gerade einen Bären.

„Kämpfe!", schrie der edle Ritter und pikste in den Drachenschwanz. „Kämpfe, Elender! Dein Ende ist nahe."

„Ach, lass das dumme Geschwafel!", schmatzte der Drache. „Ich kann's nicht mehr hören. Und lass endlich meinen Schwanz in Ruhe, sonst werde ich ernsthaft böse!"

Da ließ Ritter Griesbart sein Schwert auf den Höhlenboden fallen. Er wusste nur zu gut, dass er dem Drachen nichts anhaben konnte. Unverwundbar dieses Vieh, absolut unverwundbar. Gut, man konnte ihm die Köpfe abschlagen. Aber die wuchsen schnell wieder nach. Und das Drachenblut, das herumspritzte, ätzte Löcher in die beste Rüstung. Tränen tropften in Ritter Griesbarts Helm. „Stell dich nicht so an“, knurrte der Drache.“ „Was ist, wenn dich deine Kollegen so sehen, hm?“ „Ich werde mich in meinem Burggraben ertränken“, schluchzte Ritter Griesbart. „Fürwahr, das werde ich!“

Der Drache seufzte und schüttelte seine sechs Köpfe. „Blecherner Blödsinn. Du kannst froh sein, dass ich so gutmütig bin. Ich hätte dich längst fressen sollen. Na ja, komm mit!“

Er schubste den schluchzenden Ritter zum Höhlenausgang.

„Roderich!“, brüllte der sechsköpfige Drache.

„Roderich, komm mal her!“

Es raschelte im Gebüsch, und heraus kugelte ein kleiner Drache, feuerrot und kaum größer als ein Hund.

„Grrrr!“, knurrte er und spie Griesbart eine winzige Stichflamme vor die Beinschienen.

„Lass das!“, fauchte der sechsköpfige Drache. „Darf ich vorstellen? Mein missratener Neffe Roderich. Er ist nicht besonders groß und hat nur vier Köpfe, aber er ist ganz wild auf Ritter. Nicht wahr, Roderich?“

„O ja, o ja!“, quäkte der kleine Drache, schnappte nach einer Fliege und grinste, wobei einer seiner Köpfe an Griesbart herumschnupperte.

Der Ritter seufzte. „Wächst der noch?“, fragte er. „Klar!“, sagte der sechsköpfige Drache. „In fünfzig Jahren ist er bestimmt schon so groß wie ein Schwein.“

Ritter Griesbart seufzte noch einmal.

„Los, los, Ritter!“, drängte Roderich und wedelte mit seinem stacheligen Schwanz. „Worauf wartest du?“

Er spuckte Griesbart auf die Schuhe und hüpfte aufgeregt davon.

„Wohlan!“, murmelte Griesbart von der Tann. „Vier Köpfe sind besser als nichts.“

Da ging er mit schweren Schritten zu seinem Pferd, stieg auf und trabte hinter seinem neuen Drachen her.

Cornelia Funke

1 Warum will der Drache nicht mehr mit dem Ritter kämpfen?

2 Wie reagiert Griesbart darauf?

3 Warum war der Drachenkampf für den Ritter eigentlich sinnlos?

4 Warum wollte Griesbart trotzdem kämpfen?

5 Was meinst du zu dem Schluss der Geschichte?

Tipp

Du kannst einige Antworten zuerst im Text unterstreichen.

Eulenspiegel als Schneidergeselle

1 Teile den Text in Abschnitte ein. Markiere sie.

Überschriften

Als Eulenspiegel nach Berlin kam, arbeitete er bei einem Schneidermeister als Geselle. Eines Abends war der Meister sehr müde und wäre gern zeitig schlafen gegangen. Doch er meinte, es sei noch zu früh, als dass auch der Geselle schon zu Bett gehen könnte. Da sah er einen Rock liegen, der war bis auf die Ärmel fertig genäht. Da nimmt der Schneider den Rock und die Ärmel, wirft sie Eulenspiegel hin und sagt: „Wirf die Ärmel an den Rock und geh danach zu Bett.“

Eulenspiegel sagte ja. Der Meister ging zu Bett. Eulenspiegel hing den Rock an den Haken und zündete zwei Kerzen an, auf jeder Seite des Rockes ein Licht. Eulenspiegel nimmt einen Ärmel, wirft den an den Rock, geht auf die andere Seite und wirft den anderen Ärmel an den Rock. Und als die zwei Kerzen aufgebrannt sind, zündet er zwei andere an und wirft die Ärmel wieder an den Rock, die ganze Nacht hindurch bis morgens. Da stand der Meister auf und kam in die Werkstatt. Aber Eulenspiegel kümmerte sich nicht um den Meister und warf nur immer mit den Ärmeln vor sich hin. Der Meister stand da, sah das an und sagte: „Zum Teufel, was treibst du da für ein Gaukelspiel?“ Eulenspiegel sprach ernsthaft: „Das ist kein Gaukelspiel. Ich hab die ganze Nacht gestanden und hab diese dämlichen Ärmel an den Rock geworfen, aber sie wollen nicht kleben bleiben. Es wäre wohl besser gewesen, ihr hättet mich geheißen schlafen zu gehen, als dass ihr mir sagtet, ich solle die Ärmel anwerfen. Ihr wusstet doch, dass das verlorene Arbeit ist.“ Der Schneider schimpfte: „Ist das nun meine Schuld? Konnte ich wissen, dass du das so verstehst? Ich habe das so nicht gemeint; ich habe gemeint, du solltest die Ärmel an den Rock nähen.“

Da sagte Eulenspiegel: „Zum Teufel noch mal! Pflegt ihr immer etwas anderes zu sagen, als ihr es meint? Hätte ich gewusst, was ihr meint, so hätte ich die Ärmel schon gut angenäht und noch dazu ein paar Stunden geschlafen. Nun könnt ihr den Tag über sitzen und nähen, und ich werde mich hinlegen und schlafen.“

Da zankten sie miteinander, und der Schneidermeister wollte noch die Kleider von Eulenspiegel bezahlt haben. Aber Eulenspiegel raffte seine Siebensachen zusammen und wanderte davon.

2 Finde zu jedem Abschnitt eine Überschrift.

Weißt du es?

1 Kreuze die richtige Antwort an.

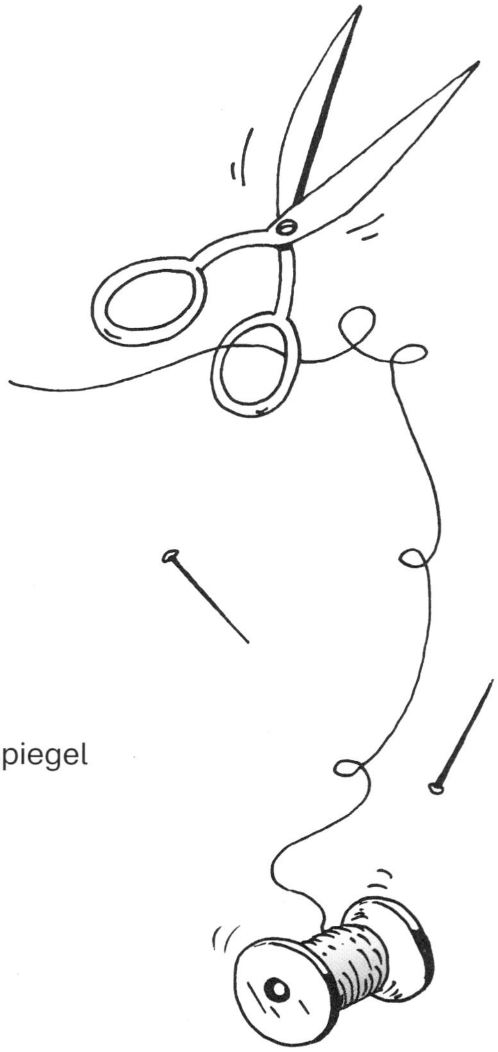

Wie fühlte sich der Schneidermeister eines Abends?

- Er war sehr hungrig.
- Er war sehr krank.
- Er war sehr müde.

Was machte Eulenspiegel, als die Kerzen aufgebrannt waren?

- Er ging ins Bett.
- Er zündete zwei neue Kerzen an.
- Er machte sich etwas zu essen.

Wie verhielt sich der Schneidermeister, als er Eulenspiegel am nächsten Morgen sah?

- Er lachte.
- Er schimpfte.
- Er weinte.

2 Was hat der Schneidermeister gesagt? Was hat er gemeint?

3 Was hat Eulenspiegel getan? Warum?

4 Was ist in diesem Text mit dem Wort „Rock“ gemeint?
Was verstehst du unter „Rock“?

Einen Sachtext schreiben

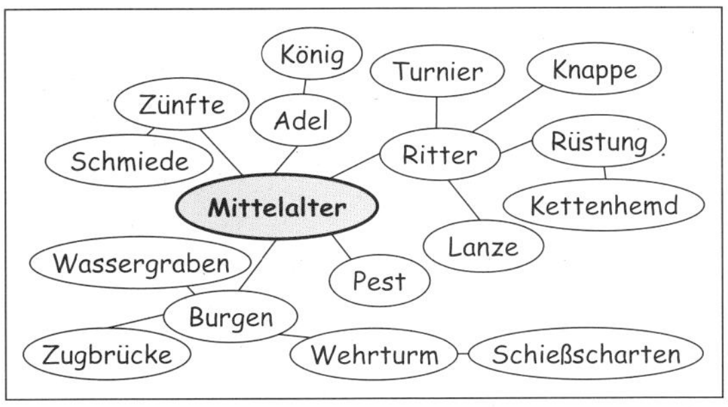

Du willst einen Text zum Thema **Mittelalter** schreiben. Denke daran, dass du etwas mitteilen möchtest, bei dem es nicht um eigene Erlebnisse, Gefühle und Gedanken geht.

1 Plane deinen Text:

- Worüber möchtest du schreiben?

___

- Was erklärst du?

___

- Wem erklärst du es?

___

- Sammle Informationen zu deinem Thema, z. B. in der Bücherei, im Internet …
  Notiere dir Stichworte.

___

___

___

2 Schreibe deinen Sachtext. Setze eine passende Überschrift.

___

___

___

___

___

___

___

3 Lies deinen Text und überlege, ob er verständlich ist.

4 Stellt euch die Texte gegenseitig vor.

Wörtliche Rede

1 Unterstreiche im Text die Begleitsätze rot und die wörtliche Rede blau.

Da sah Birk sie und lachte. Ich weiß, wer du bist sagte er.

Du bist die Räubertochter, die immer im Wald rumrennt.

Ich hab dich da mal gesehen fügte er hinzu.

Wer bist du denn fragte Ronja.

Und wie um alles in der Welt bist du hierher

gekommen

Birk antwortete

Ich bin Birk Borkasohn, und ich wohne hier.

Wir sind heute Nacht hier eingezogen

Ronja starrte ihn an und fragte ungläubig

Wer wir Borka und Undis und ich und unsere zwölf Räuber

antwortete Birk. Es dauerte eine Weile, bis sie das Unerhörte begriff,

das er da gesagt hatte. Schließlich sagte sie Willst du etwa behaupten,

dass die ganze Nordburg voller Hosenschisser ist

Er lachte und erwiderte

Nein, hier gibt es nur rechtschaffene Borkaräuber.

Aber da drüben, wo du wohnst, da ist es knüppelvoll von Hosenschissern,

das hat man ja immer gehört

So, also das hatte man gehört! Was für eine unglaubliche Unverschämtheit!

Es begann in ihr zu kochen.

Aber es sollte noch viel schlimmer kommen.

Im Übrigen sagte Birk, ist das hier nicht länger eine Nordburg.

Von heute Nacht an heißt sie die Borkafeste.

Versuch, dir das zu merken

Astrid Lindgren

2 Ergänze die richtigen Redezeichen. „ “ , ? ! .

Buch S. 96/97

Großschreibung

1 Schreibe den Text richtig ab.
Achte auf die Großschreibung.
Markiere die Nomen und Satzanfänge zuerst im Text.

mittelalterliche burgen
jede burg sah anders aus. aber bestimmte bauten
fand man in fast allen burgen. man kann sich eine burg wie
ein kleines dorf vorstellen. es gab z. b. scheunen und ställe für die tiere,
einen bergfried, einen brunnen, einen palas (hauptgebäude), eine
burgkapelle für den gottesdienst, einen burggarten, eine zugbrücke,
einen torgraben und einen wehrgang.
im palas befanden sich die wohnräume der ritterfamilie. hier gab es einen
rittersaal und eine kemenate. die kemenate war der wohnraum der burgherrin.
oft war dies der einzige raum in der burg, der durch einen kamin beheizbar war.
in der kemenate unterrichtete die burgherrin ihre töchter, damit sie lesen,
schreiben und rechnen lernten. der bergfried war der größte turm einer burg.
hierhin konnten die burgbewohner flüchten, wenn sie angegriffen wurden.

2 Viele Redewendungen stammen aus der Zeit des Mittelalters.
Erkläre, was sie heute bedeuten.

Jemanden im Stich lassen

früher: jemanden im Kampf allein lassen

heute: ______________________________

Vor etwas türmen

früher: bei einem Angriff in den Bergfried flüchten

heute: ______________________________

Etwas im Schilde führen

früher: mit dem Familienwappen auf dem Schild in die Schlacht reiten

heute: ______________________________

Etwas im Visier haben

früher: den Gegner durch die Augenschlitze des Helms ansehen

heute: ______________________________

Pech haben

früher: als Angreifer einer Burg mit heißem Pech begossen werden

heute: ______________________________

Lernwörter-Training

1 Markiere die Wortgrenzen.

handelgroßartigunterrichtschlosstapferbrunnenhöflichrauben
mittelalterversprechenklugkämpfenburgabenteuerritter

2 Schreibe die Lernwörter richtig auf.
Setze vor die Nomen den Artikel und achte auf die Großschreibung.

der H ______________________

____

____

3 Welche Lernwörter sind Adjektive? Steigere sie.

Grundstufe	1. Steigerungsstufe	2. Steigerungsstufe
großartig		

4 Setze die Merkwörter richtig ein.

Zahl
Zahn
Jahr
Fehler
mehr
sehr
ohne
Sohn
Uhr
Stuhl

________ Helm sollte man nicht Fahrrad fahren.

Ein ________ hat zwölf Monate.

Ich hätte gern noch ________ von der Burg gesehen.

Ich habe keinen ________ gemacht.

Drei ist eine ________.

Mein ________ unten rechts wackelt.

Ich habe zum Geburtstag eine ________ bekommen.

Ein ________ hat vier Beine.

Das Wetter ist ________ schön.

Ich bin die Tochter, und mein Bruder ist der ________ unserer Eltern.

Das Unsichtbare sichtbar machen

Der Pirat auf dem Dach

Paul konnte alles ganz deutlich sehen: Aus dem Schornstein des verlassenen Hauses schob sich langsam ein Kopf mit einem dreieckigen, schwarzen Hut. Wie ein Matrose hoch im Mastkorb eines Schiffes schaute die seltsame Gestalt mit einer Art Fernrohr in die Runde …
So wurden Pauls Herbstferien doch noch spannend. Und alles nur, weil er den seltsamen Piraten auf dem Dach entdeckte.

„Bevor du dich auf den Weg machst, zeige ich dir meine Seeräuberkiste“, entschied der Pirat, „damit du dich überzeugen kannst, dass ich erstklassig ausgerüstet bin. Nur die Boxhandschuhe fehlen mir.“
Er zog mich mit sich in eine düstere Ecke am anderen Ende des Dachbodens.
Ich sah einen Kartoffelsack ausgebreitet. Der Pirat erklärte mir, das sei sein Nachtlager und Seeräuber schliefen niemals in Federbetten, denn das täten nur Weichlinge. Dann zog er einen gammeligen Koffer aus dem hintersten Winkel vor und klappte ihn mit feierlichem Gesicht auf. Da war ein Beil drin, ein Reklametaschenmesser mit zwei Klingen und Korkenzieher, ein Päckchen Kaugummi, ein Pfadfinderkompass, ein Taschenbuch mit einem goldenen Anker drauf und ein paar ineinander gesteckte Pappröhren.
Der Pirat nahm das Beil in die Hand. Es sah aus wie ein ganz normales Beil, so eins, wie man's zum Holzhacken braucht.
„Lass dich nicht täuschen, Paul. Dies ist wahrscheinlich das berühmteste Enterbeil der Welt. Der Seeräuberkönig Jean Lafitte hat es vor mehr als zweihundert Jahren in seiner stahlharten Faust geführt und damit Angst und Schrecken in der gesamten Karibik verbreitet. Du kannst dir vorstellen, dass es mich übermenschliche Mühe gekostet hat, dieses Enterbeil in meinen Besitz zu bringen. Hier, fass es mal an!“
Als ich das Beil dann in meinen Händen hielt, spürte ich es selber, dass dies ein berühmtes Enterbeil sein musste. Auch wenn der Stiel ganz neu aussah: Ich glaubte geradezu die Handwärme des Seeräuberkönigs zu fühlen. Ein Schauder lief mir über den Rücken.
Behutsam reichte ich dem Piraten das Beil zurück, der legte es wieder in den Koffer. Mir war so feierlich zumute.
Ich fragte: „Was bedeuten denn diese Pappröhren?“
„Sagtest du Pappröhren? Das ist mein Spezialfernrohr! Wir Piraten haben Falkenaugen.
In unseren Fernrohren sind keine Vergrößerungsgläser oder solches Zeug drin. Wir brauchen die Fernrohre nur, um unsere Augen vor der gleißenden Sonne zu schützen. Über den Meereswogen brennt die ja besonders hell. Da könnte glatt die Pupille austrocknen.“ Er zeigte auf eine Metallklappe im gemauerten Kamin, der zum Dachfirst hinaufführte.
„Durch diese Eisentür steige ich bisweilen durch den Schornstein auf das Dach hinauf, um die Lage draußen zu prüfen. Mein Fernrohr leistet mir da gute Dienste.“
So hatte ich den Piraten ja am frühen Morgen über dem Dach entdeckt!

Jo Pestum

1 Welche Ausrüstung hatte der Pirat? Markiere im Text.

2 Wie fühlte sich Paul, als er das Beil anfasste? Warum?

3 Was verbirgt sich hinter den „Pappröhren“? Markiere im Text.

4 Wie geht die Geschichte weiter? Schreibe es auf.

Steine, die vom Himmel fallen

Sicher hat jeder von euch schon einmal eine Sternschnuppe gesehen. Falls nicht, so solltet ihr einmal an einem schönen, warmen Augustabend den Himmel beobachten.
Sternschnuppen sind winzig kleine Körnchen, nur einige Millimeter groß. Sie bestehen aus Staub, Gestein oder auch Metall. Mit riesiger Geschwindigkeit sausen sie in die Lufthülle unserer Erde und erzeugen dabei Lichtblitze. Die Astronomen nennen die Sternschnuppen auch Meteore. Meist leuchten die Sternschnuppen in einer Höhe von 100 bis 300 Kilometern über dem Erdboden auf. In der Nacht vom 11. auf den 12. August kann man – von einem dunklem Ort, fernab von Städten – pro Minute zwei Sternschnuppen über den Himmel huschen sehen. Verfolgt man ihre Spur rückwärts, so scheinen die meisten aus dem Sternbild Perseus aufzutauchen. Deshalb spricht man bei diesem Sternschnuppenstrom auch von Perseiden. Sternschnuppenströme werden immer nach dem Sternbild benannt, von dem sie zu kommen scheinen. So kann man zum Beispiel Mitte November die Leoniden vom Sternbild des Löwen (Leo) oder Mitte Dezember die Geminiden vom Sternbild des Zwillings (Gemini) sehen.
Schade, dass man den Sternhimmel meist nur am Abend beobachten kann. Gegen Morgen sind zwei- oder dreimal so viele Sternschnuppen wie in den Abendstunden zu sehen. Das ist verständlich, wenn ihr euch einmal eine Autofahrt durch ein Schneegestöber vorstellt. Die meisten Schneeflocken treffen die Windschutzscheibe des Wagens. Die Heckscheibe werden nur wenige Flocken erreichen. Das Auto wäre mit der Erde vergleichbar, die sich auf ihrer Bahn um die Sonne mit einer Geschwindigkeit von 30 Kilometern in der Sekunde vorwärtsbewegt. In den Abendstunden befinden wir uns auf der Rückseite unserer um die Sonne laufenden Erde, sozusagen auf der „Heckscheibe“, in den Morgenstunden dagegen auf der Vorderseite der Erde, also auf der ______________________.

1 Ergänze das fehlende Wort.

2 Was erfährst du über Sternschnuppen? Markiere Wichtiges im Text.

3 Was sind Perseiden? Erkläre es.

Redensarten

Augen

Augen auf!
Das Auge des Gesetzes wacht.
Es ist mir ein Dorn im Auge.
Eine Krähe hackt der anderen nicht die Augen aus.
Jetzt gehen mir die Augen auf.
Ich traue meinen Augen nicht.
Wo hast du denn deine Augen!
Vier Augen sehen mehr als zwei.
Deine Augen blitzen.
Meine Augen brennen.
Halt die Augen offen!
Ich drücke lieber ein Auge zu.
Geh mir aus den Augen!
Aus den Augen, aus dem Sinn!
Ich lasse dich nicht aus den Augen.
Er hat dir Sand in die Augen gestreut.
Ich bin mit einem blauen Auge davongekommen.
Ich werde es im Auge behalten.
Mir fällt es wie Schuppen von den Augen.
Es schwimmt mir vor den Augen.
Ich kann meine Augen nicht überall haben.
Auge um Auge, Zahn um Zahn!
Da bleibt kein Auge trocken.
Kann ich dich unter vier Augen sprechen?
Wenn du mir nicht die Augen auskratzt.
Du wirst Augen machen!
Also: AUGEN AUF!

Rosemarie Künzler-Behnke

1 Was ist mit diesen Redensarten gemeint?

Es ist mir ein Dorn im Auge.

____

Vier Augen sehen mehr als zwei.

____

Mir fällt es wie Schuppen von den Augen.

____

2 Beschreibt eine Redensart aus dem Gedicht mit eigenen Worten.
Gebt sie als Rätsel auf.

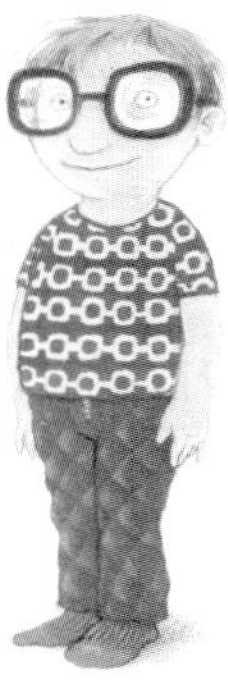
So sieht Ludwig aus.

ANKE KUHL

EIN TAG IM LEBEN DES KURZSICHTIGEN LUDWIGS

Ludwig findet seinen starken Sehfehler gar nicht so schlecht. Schauen wir ihm mal dabei zu, wie er ihn in so mancher Situation ganz gezielt einsetzt.

7:36 Uhr: Ludwig macht sich auf den Weg in die Schule. Im Treppenhaus begegnet er Frau Semmler mit ihrer Riesendogge. Er setzt die Brille ab und weicht das Tier mit seiner Kurzsichtigkeit einfach auf.

10:23 Uhr: Dritte Stunde, Mathe. Der fiese Erwin versucht schon wieder Ludwig zu ärgern und zwar auf die ganz blöde Tour. Aber ohne Ludwig! Und ohne seine Brille.

13:17 Uhr: Endlich zu Hause zieht Ludwig es vor, beim Betreten des Wohnzimmers die Brille abzusetzen. Aus Diskretion seiner großen Schwester gegenüber.

1. Du kannst die Bilder besser erkennen, wenn du die Augen zukneifst und sie aus der Ferne betrachtest. Welches Bild könnte zu welchem Text passen? Verbinde.

2. Beschreibe Situationen, in denen es vielleicht besser wäre, nicht genau sehen oder hören zu können.

Nachts sieht Ludwig übrigens auch ohne Brille gestochen scharf.

S. 88

Was kann man mit einem Mikroskop untersuchen?

1 Überlegt, wo ihr einen Absatz machen könnt.

Mit einer Lupe kann man Dinge aus dem täglichen Leben sehen, die man nie zuvor gesehen hat, ja von denen man bisher vielleicht nicht einmal etwas wusste. Betrachtet man etwa das farbige Titelbild einer Illustrierten, auf dem ein Mensch dargestellt ist, durch eine Lupe, so entdeckt man, dass die Gesichtsfarbe des Abgebildeten sich aus vielen winzigen Pünktchen oder kleinen Flecken zusammensetzt: rote, gelbe, grüne und blaue Punkte, zwischen denen das Weiß des Papiers durchschimmert. Mit bloßem Auge betrachtet, verschmelzen die Punkte und erzeugen die Farbe der Haut. Unter dem Vergrößerungsglas sieht man auch, dass an Wangen und Lippen mehr und dickere rote Punkte zusammengedrängt sind und auf diese Weise die rote Gesichtsfarbe entstehen lassen. Wenn man sein Taschentuch auseinander breitet und es gegen das Licht hält, sieht man, dass es aus Tausenden von Fäden besteht. Unter der Lupe erkennt man zusätzlich, dass jeder Faden gewebt ist; er läuft abwechselnd einmal unter und einmal über die Querfäden. Und die Fäden sind nicht alle gleich dick. Die meisten sehen fusselig aus, weil an ihren Seiten winzige ausgefranste Fasern herausragen. So führt uns schon die Lupe – das einfache Mikroskop – in die Welt der kleinsten Dinge ein. Untersuche einmal einen Stein, der verschieden gefärbt ist. Sieh dir die kleinen Härchen auf deinem Handrücken an. Prüfe die Oberfläche eines Holzstückes dort, wo es zersägt wurde. Betrachte ein Insektenbein oder eine Wimper. Du wirst eine neue, unbekannte Welt entdecken. Wer bei seinen mikroskopischen Untersuchungen besonders gründlich sein will, kann alles, was er gesehen hat, aufschreiben, um es nicht zu vergessen. Wenn es möglich ist, sollte man eine kleine Zeichnung von den interessantesten Teilen des Objektes anfertigen. Man lernt so, die Objekte genau anzusehen und zu vergleichen.

2 Teilt den Text in Abschnitte ein. Markiert sie.

3 Findet eine Überschrift und den Kerngedanken für jeden Abschnitt.

Abschnitt	Kerngedanke	Überschrift

Vier Fälle

1 Welches Satzglied antwortet auf die Frage WER oder WAS ?
Markiere das WER oder WAS -Satzglied.

Timo kann viele Dinge plötzlich nicht mehr gut erkennen.

Kleine Buchstaben verschwimmen vor seinen Augen.

Seine Mutter merkt es.

Die Mutter und Timo gehen zum Augenarzt.

2 Welches Satzglied antwortet auf die Frage WEN oder WAS ?
Markiere das WEN oder WAS -Satzglied.

Der Augenarzt untersucht Timo.

Er macht einen Test mit Timo.

Timo muss bestimmte Zeichen auf einem Plakat erkennen.

Der Arzt zeigt viele verschiedene Zeichen.

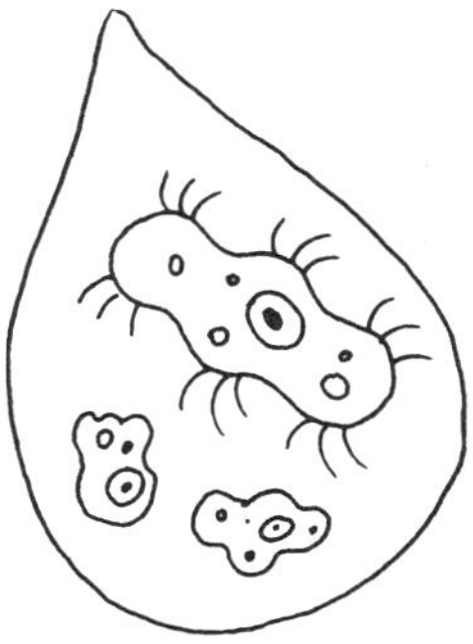

3 Welches Satzglied antwortet auf die Frage WEM ?
Markiere das WEM -Satzglied.

Timo kann dem Arzt einige Zeichen nicht beschreiben.

Dann leuchtet der Arzt Timo mit einer speziellen Lampe in die Augen.

Er verschreibt dem Jungen eine Brille.

Dem Optiker legen sie das Rezept vor.

4 Welche Wörter antworten auf die Frage WESSEN ?
Markiere sie.

Der Optiker schaut auf das Rezept des Augenarztes.

Dort steht die Stärke der Brillengläser.

Der Optiker setzt eine Brillenfassung auf Timos Nase.

Die Brille des Optikers gefällt den beiden.

Buch S. 114/115

Wörter verlängern und ableiten

1 Ergänze den fehlenden Buchstaben.

d oder **t**	**b** oder **p**	**s** oder **z** oder **ß**	**ig** oder **ich**
das Ba__	er rei__t	das Sal__	herrl__
das Ban__	sie glau__t	das Ma__	sonn__
das Ra__	ihr rau__t	das Gra__	friedl__
der Ra__	es klo__ft	das Lo__	fäll__

2 Verlängere die Wörter und schreibe:

das Bad – die Bäder, ______________________________

____

____

____

____

____

3 Ergänze **eu** oder **äu**. Schreibe ein verwandtes Wort dazu.
Denke daran: Gibt es keinen Verwandten mit **au**,
so wird das Wort mit **eu** geschrieben.

der Fr nd	
die Str cher	
n	
gl big	
die B me	
wir st ern	
der B tel	
die L se	
die R ber	
die F lnis	
der S gling	
der L chter	

Lernwörter-Training

1 Welcher Buchstabe fehlt bei den Lernwörtern?
Verlängere die Wörter und schreibe so:

der Gegenstand – die Gegenstände ______

das Experimen ______

run ______

wei ______

das Lich ______

wil ______

der Mon ______

der Plane ______

2 Suche weitere Wörter aus dem Wörterbuch, die auf **d** oder **t** enden.

d	**t**
das Kind	

3 Setze die Merkwörter ein.

Rosine
Biber
Tiger
Gardine
Igel
Apfelsine
Musik
Kino
Kilo

Im Zoo sind ______ in einem Käfig.

Im Laub versteckt sich ein ______.

Ein ______ lebt am Wasser.

Im ______ läuft ein neuer Film.

Die ______ zum Film gefällt allen sehr.

Im Kuchen ist nur eine einzige ______.

Julius kauft ein ______ reife ______.

Wer steht da hinter der ______?

4 Noch mehr Wörter mit **i**:
Maschine, Lokomotive, Kusine, Kabine, Lawine, Serpentine, Kamin.
Bilde Unsinnsätze mit diesen Wörtern.

Wasser – kostbar, kraftvoll und köstlich

Wetterbericht

	Die ersten Tropfen fallen zur Erde.
1	Gleich wird es regnen, sagt mir der Himmel.
	Bald ist's vorüber, es war nur ein Schauer.
	Gleich wird es regnen, sagt mir der Sturm.
	Die ersten Tropfen, vereinzelt und schwer.
	Über den Regenguss freut sich der Bauer,
	leuchtet ein Blitz auf, über dem Turm.
	Bald ist's vorüber, es legt sich der Wind.
	Dann prasselt's los. Es ist mir, als werde
	weil seine Wiesen jetzt saftiger sind.
	Aus dem dunklen Wolkengewimmel
	mit einem Schlag die Wolkenwand leer.

Georg Bydlinski

1. Suche die richtige Reihenfolge des Gedichts. Achte besonders auf die Reime und die Sätze, die nicht nach einer Zeile zu Ende sind.
   Du kannst die Zeilen ausschneiden und aufkleben oder nummerieren.

2. Das Gedicht hat drei Strophen.
   Welche Wörter im Text haben dir geholfen, die richtige Reihenfolge zu finden?

Buch S. 127

Wasser hat eine Haut

Text	**Überschriften**
Wasser hat eine unsichtbare Haut. Man kann sie nicht fühlen wie unsere Haut.	

Aber man kann sie bei folgendem Experiment gut beobachten:

Füllt ein gut ausgespültes Glas bis zum Rand mit Wasser – gerade so viel, dass es nicht überläuft. Neben das Glas legt ihr einen Stapel Münzen. Eure Zuschauer lasst ihr nun raten, wie viele Münzen in das Glas passen, ohne dass es überläuft. Dann lasst ihr einige Münzen vorsichtig in das Wasser gleiten. Wenn man genau hinschaut, kann man erkennen, dass das Wasser sich über dem Glas wie ein Berg wölbt. Es läuft aber nicht über. Eure Zuschauer werden erstaunt sein, wie viele Geldstücke noch in das Glas passen. Wasser verhält sich bei diesem Versuch so, als habe es eine Haut, die sich über die Oberfläche spannt.

Dass man ein Glas bis etwas über den Rand füllen kann, hat mit der Eigenart der unsichtbaren Wasserteilchen, der Moleküle, zu tun. Sie ziehen sich gegenseitig an und halten so die Flüssigkeit zusammen. An der Grenze zur Luft bilden sie eine gespannte, elastische Fläche. Auf dieser Oberfläche können auch Gegenstände schwimmen, zum Beispiel eine Büroklammer oder eine Rasierklinge, wenn sie trocken sind und sich in ihrer Form der Wasseroberfläche anschmiegen.

Auch manche Tiere werden von der unsichtbaren Haut getragen. So gibt es Insekten, die mit langen, dünnen Beinen auf Teichen und Seen umherflitzen, ohne nass zu werden. Diese Wasserläufer gehören zu den Wanzen. Sie sind einen halben bis zwei Zentimeter groß und ernähren sich von kleinen Tierchen auf der Wasseroberfläche. Dass diese Wanzen nicht untergehen, liegt daran, dass sie sehr leicht sind. Aber sie haben noch andere Tricks: Ihre Beine stehen sehr weit auseinander, sodass sich das geringe Gewicht des Tieres auf eine große Fläche verteilt. Außerdem verhindern viele Härchen an den Beinen ein Einsinken. Doch auch das Wasser selbst hilft den Tieren. Nicht umsonst heißt es: Wasser hat eine Haut.

Die Haut kann eine bestimmte Menge Wasser zusammenhalten. Erst wenn es zu viel und damit zu schwer wird, läuft das Wasser über den Rand. Die unsichtbare Haut sorgt auch dafür, dass ein Tropfen an einem Wasserhahn durch das nachkommende Wasser zunächst immer größer wird, jedoch zusammenhält.

Erst wenn die Haut die Wassermenge nicht mehr tragen kann, fällt der Tropfen in das Becken. Das ist wie bei einer Tüte, die mit schweren Gegenständen gefüllt wird, bis sie reißt.

1. Teilt den Text in Abschnitte ein.
2. Findet zu jedem Abschnitt eine Überschrift.
3. Stellt euch gegenseitig Fragen zum Text.

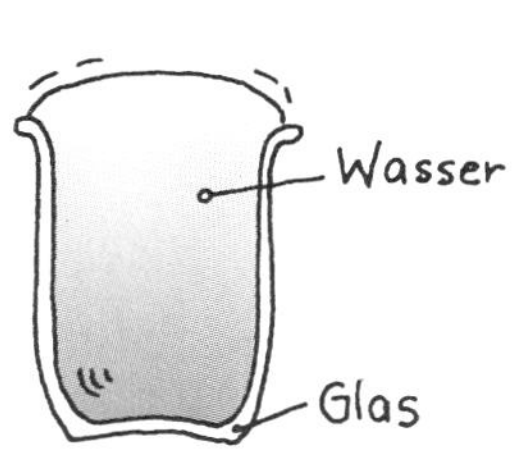

Eine aufgehende Wasserblüte

Das ist eine schöne Geschenkidee, mit der du alle überraschen kannst: Schneide aus Papier eine kreisrunde Fläche aus. Besonders gut geeignet ist Bastelpapier, das etwas rauer ist. Falte den Papierkreis dreimal zusammen. Klappe ihn wieder auseinander und schneide ihn an den Faltstellen mit der Schere bis zur Hälfte ein. Auf die Innenseite kannst du ein Bild malen oder aufkleben. Oder du schreibst für jemanden eine Botschaft hinein. Jetzt klappst du die Ecken wieder darüber, sodass nichts von deiner Zeichnung zu sehen ist. Wichtig ist, dass das zuletzt gefaltete Blütenblatt nicht unter das zuerst gefaltete Blatt geschoben wird, sondern einfach nur umgeknickt bleibt. Wenn du magst, male das Papier von außen farbig an. Das Geschenk darf nur „ausgepackt" werden, indem man es aufs Wasser legt. Dann öffnet sich die Wasserblüte wie von Zauberhand.

1 Gliedere den Text in einzelne Arbeitsschritte und nummeriere sie.

2 Schreibe die Schrittfolge zu den Bildern auf. Du kannst auch Stichwörter verwenden.

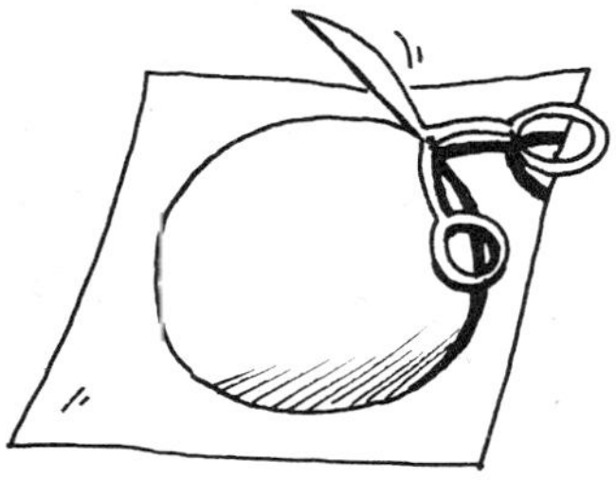

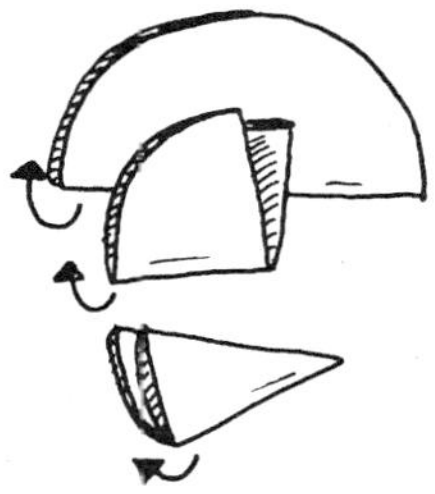

3 Wem könntest du eine Wasserblüte schenken? Stelle sie nach deiner Bastelanleitung her.

Hochwasser

In Bangladeschs Hauptstadt Dhaka gibt es regelmäßig Hochwasser. Die Stadt ist dann überschwemmt. Der folgende Zeitungsartikel berichtet davon.

Dhaka. Abdur Rahman reibt sich die Hände. Vor einer Woche hat sich der 60-jährige Rikscha-Fahrer ein kleines Boot gekauft – und nun klingelt es in der Kasse. 400 Taka, knapp sechs Euro, nimmt er ein, mehr als das Doppelte der Summe, die er sonst mit seinem umgebauten Fahrrad verdient.

„Die Reichen, die mich sonst hupend mit ihren dicken Autos von der Straße scheuchen wollen, rufen jetzt nach mir, damit ich sie an der Haustür auflese und zu ihrem Ziel bringe."

„Vor ein paar Tagen ist meine vierjährige Tochter ins Wasser gefallen", erzählt Khodeja, „jetzt binde ich sie immer auf der Bambusplattform fest, wenn ich einkaufen gehe." Die Familie baute sich die kleine Insel auf Stelzen über 1,80 Meter tiefem Flutwasser. „Wenn wir hier weggehen, wird alles gestohlen", begründete Khodeja ihre Weigerung, in eine der 4000 Notunterkünfte zu ziehen. Die Menschen hier leben mit der Flut.

1130 Menschen starben in Indien und in Bangladesch infolge der gegenwärtigen Überschwemmungen. Das Wasser kommt so regelmäßig wie der Monsun. Die Regenfälle vermischen sich mit Schmelzwasser aus dem Himalaja und bringen die großen Flüsse Ganges und Brahmaputra zum Überlaufen. Wegen der Abholzung in den Bergen setzt sich immer mehr Schlamm am Flussboden ab, so dass die Dämme längst nicht mehr ausreichen. Jedes Mal, wenn die Monsunwolken sich verzogen haben und die Wassermassen abgeflossen sind, vergessen Indiens und Bangladeschs Behörden und Politiker die Fluten wieder.

1 Wie hoch steht das Wasser in den Straßen von Bangladeschs Hauptstadt?

2 Wie viel Geld verdient Abdur Rahman, wenn keine Flut ist?

3 Erkläre, wie es zu der regelmäßigen Flut kommt.

4 Was muss getan werden, um die Menschen vor der Flut zu schützen?

Ein Gedicht schreiben

stein im meer
wasser rauscht über ihn weg
spült ihn hin und her

du hörst ihn knirschen
hörst ihn rollen
schleudern in den wellen

er reibt sich an anderen
tage und jahre
schleift ecken und kanten ab
wird geformt und poliert

schmeichelnd liegt er in der hand

Sigrid Berg

1 Was fällt dir an dem Gedicht auf?

____

2 Schau dir den Aufbau und den Inhalt des Gedichtes genauer an. Wie ist es geschrieben?

____

____

____

3 Schreibe selbst ein Gedicht nach diesem Muster.

1. Zeile: Wo ist ein Gegenstand?

2. und 3. Zeile: Was geschieht mit ihm?

4. bis 6. Zeile: Wie nehme ich den Gegenstand wahr?

7. bis 10. Zeile: Wie verändert sich der Gegenstand? Wodurch?

11. Zeile: Was stellst du abschließend fest?

1. ______________________________
2. ______________________________
3. ______________________________
4. ______________________________
5. ______________________________
6. ______________________________
7. ______________________________
8. ______________________________
9. ______________________________
10. ______________________________
11. ______________________________

Konjunktionen

1 Setze die passenden Konjunktionen ein.

aber weil dennoch da
obwohl um und

Wasser und Hygiene

Im Mittelalter holte man das Wasser von Quellen, aus Brunnen und Flüssen.

Etwa vom 16. bis zum 18. Jahrhundert galt es als ungesund, sich zu waschen,

______________ es zur Zeit der Römer bereits üblich gewesen war,

sich in öffentlichen Bädern regelmäßig zu reinigen.

_________ nicht schlecht zu riechen, wurde Parfüm benutzt.

Dies galt als besonders vornehm.

Anfang des 19. Jahrhunderts wurden viele Brunnen gebaut

_________ das Waschen mit Wasser wurde immer beliebter.

_________ badete man nur etwa zweimal im Jahr, _________ es zu teuer war.

Im 20. Jahrhundert verbreiteten sich öffentliche Bäder.

_________ reiche Leute hatten eigene Badezimmer.

_________ es erst ab 1930 Waschmaschinen gab,

wurde bis dahin im Frühling und Herbst draußen die große Wäsche abgehalten.

Z 2 In dem Text sind viele Fehler. Markiere alle Wörter, die großgeschrieben werden.

heute wird hygiene oft schon zu wichtig genommen.
kinder sind anfälliger für allergien, *um* sie in zu sauberer umgebung groß geworden sind, *aber* sich der körper nicht genügend auf die abwehr von bakterien und keimen einstellen kann. das häufige duschen und baden führt bei vielen menschen zu hautproblemen, *obwohl* die haut zu trocken wird. unter dem hohen wasserverbrauch leidet das gleichgewicht in der natur oder es ist sehr teuer, sauberes trinkwasser herzustellen. *da* gibt es kaum noch krankheiten, die *wenn* von mangelnder hygiene entstanden sind.

wenn
dann
weil
da
aber
wegen
aufgrund
deshalb
daher
und

Z 2 Wähle die passenden *Konjunktionen* aus und schreibe den Text ab. Denke an die Großschreibung der Satzanfänge und Nomen.

Wir üben

1 Markiere die Konjunktionen.

Wasserteilchen ziehen sich gegenseitig an wie Magnete. Deshalb tauchen sehr leichte Gegenstände gar nicht richtig ins Wasser ein, sondern liegen auf der Wasseroberfläche. Wenn man Spülmittel hinzugibt, haften die Wasserteilchen nicht mehr aneinander. Dann sinken Gegenstände, die sonst schwimmen, auf den Boden.

2 Setze passende Pronomen und Konjunktionen ein.
Schreibe den Text ab.

seinem weil
er es denn und

Anders Celsius, ein schwedischer Sternenforscher, erfand mit Hilfe der verschiedenen Zustände von Wasser die Temperaturskala. _____ legte zwei Punkte auf einer Tabelle fest: den Siedepunkt bei 0 Grad, _____ Wasser hier zu kochen beginnt; den Schmelzpunkt bei 100 Grad, _____ hier fängt Eis an zu schmelzen. Später wurde diese Einteilung von _____ Kollegen Linné genau umgekehrt. _____ so kennen wir _____ heute: Bei 0 Grad Celsius liegt der Schmelzpunkt, bei 100 Grad Celsius der Siedepunkt.

3 In jeder Zeile hat sich ein Fehler versteckt.
Streiche die falsch geschriebenen Wörter durch und schreibe sie richtig auf.

Durch die Mite der Natur _____
ziet sich eine Pappelschnur. _____
Rechts sind Bäume, lings sind Bäume _____
unt dazwischen Zwischenräume. _____
In der Mitte flißt ein Bach. Ach! _____

Lernwörter-Training

1 Wähle die passenden Lernwörter aus und setze sie ein.

Wasser ist Leben

Der Mensch baute seine Siedlungen schon immer dort, wo er Wasser fand. Das konnte eine __________, ein Fluss oder ein See sein. In Ländern, in denen regelmäßig ____________ herrschte, kam es vor, dass Flüsse das Land ____________, sodass es fruchtbar wurde und die Menschen Pflanzen für ihre Nahrung anbauen konnten. Sie mussten einerseits vor dem Wasser __________, andererseits brauchten sie es zum Leben. In kälteren Ländern sorgten __________ und Regen für regelmäßige Niederschläge. Hier gibt es viele kleine Tiere, die an einem __________ und einem __________ leben, weil sie eine feuchte oder __________ Umgebung zum Überleben brauchen.

Gletscher
Wasserfall
Dürre
überschwemmen
Wolke
fliehen
Quelle
donnern
Sturm
nass
rinnen
schöpfen
Tümpel
Teich

ziehtfliehtsiehtgeschiehtstiehltempfiehlt

2 Schreibe die Merkwörter mit der Grundform auf. Markiere, was gleich bleibt.

zieht – ziehen

3 Bilde neue Wörter aus dem Wort ***ziehen*** und den Vorsilben ***an aus um über er be.***

4 Die Wörter ***umziehen*** und ***beziehen*** haben mehrere Bedeutungen.
Schreibe zu jedem Wort zwei Sätze, die die verschiedenen Bedeutungen zeigen.

Nachrichten – Nachrichten – Nachrichten

Ein Gedicht von hinten erschließen

1 Das ist die letzte Strophe eines Gedichts.
Lies sie.
Überlege, was du erfahren hast
und was du wissen möchtest.
Schreibe deine Fragen zum Text auf.

> Da saß es nun und duckte sich.
> Jetzt krieg ich dich! –
> Doch es entwich
> mit tausend Purzelbäumen.

2 Lies die nächste Strophe.
Hast du eine Antwort
auf deine Fragen erhalten?
Welche neuen Fragen haben sich ergeben?
Schreibe sie auf.

> Stieg steil empor in kühnem Flug,
> wobei es ein paar Saltos schlug,
> und landete dann wieder.

3 Lies die nächste Strophe.
Hast du eine Antwort
auf deine Fragen erhalten?
Welche neuen Fragen haben sich ergeben?
Schreibe sie auf.

> Da lag's,
> wie eine Flunder platt.
> Dann aber tat das Zeitungsblatt
> ganz plötzlich einen Sprung.

4 Lies die nächste Strophe.

Hast du eine Antwort
auf deine Fragen erhalten?

Welche neuen Fragen haben sich ergeben?

Schreibe sie auf.

Allmählich wurd' es müd,
es kroch, es schlurfte nur,
es schlich nur noch.
Und legte still sich nieder.

5 Lies die nächste Strophe.

Hast du eine Antwort
auf deine Fragen erhalten?

Welche neuen Fragen haben sich ergeben?

Schreibe sie auf.

Herab die Straße im Galopp
kam es gelaufen, hopp, hopp, hopp.
Es hüpfte, hopste, tanzte.

6 Lies nun die erste Strophe und die Überschrift.

Prüfe, ob du eine Antwort
auf deine Fragen erhalten hast.

Das große, kecke Zeitungsblatt
Heut flatterte durch unsre Stadt
ein großes, keckes Zeitungsblatt,
mir selber ist's begegnet.

7 Lies zum Abschluss den Text vom Anfang an.

Taipeh 101 – Der höchste Wolkenkratzer der Welt

Die Architekten des „Taipeh 101“ haben dies alles eingeplant. 10 000 Angestellte sollen in den nächsten Wochen im Turm ihre neuen Arbeitsplätze beziehen. Gut möglich, dass manch einer von denen am Schreibtisch sitzend seekrank wird. Denn der Turm kann sich wie ein Baum im Wind biegen, um Erdstöße und Sturmböen auszugleichen. Bis zu 1,30 Meter schert die Spitze bei einem starken Taifun aus! Wäre der Turm nicht so „beweglich“, könnte ihn ein Beben zerreißen. Schwingungen im Gebäude dämpft eine schwere, goldfarben bemalte Stahlkugel. Sie hängt zwischen dem 92. und 87. Stock und steuert wie ein Pendel dagegen, wenn der Wolkenkratzer wankt. ☐

Taipeh, die Hauptstadt Taiwans, 31. Dezember 2004. Nach sechs Jahren Bauzeit wird der größte Wolkenkratzer der Welt feierlich eröffnet! Ehrengäste fahren in Limousinen vor, steigen aus – und staunen: Vor diesem Giganten aus Stahl fühlt man sich winzig wie ein Floh. Wer den Kopf in den Nacken legt und nach oben blickt, kann die Turmspitze kaum erahnen. Denn der „Taipeh 101“ ragt mit 508 Metern fast bis in die Wolken. ☐

Geplant bis ins Detail ☐

Mit 101 Stockwerken ist das Hochhaus ein Meisterwerk der Baukunst. Und es ist nicht nur besonders hoch – es ist auch das erdbebensicherste Gebäude aller Zeiten! Gut so, denn unter der Insel Taiwan im Südchinesischen Meer rumort es gewaltig: 200 kleine und größere Erdstöße pro Jahr sind normal. Und manchmal fegen tropische Wirbelstürme mit bis zu 250 km/h über Taiwan hinweg und richten schwere Schäden an.

Beton, überall Beton ☐

Wie aber baut man einen solchen Koloss? Die Bagger begannen im Januar 1998, die Baugrube auszuheben. Der Boden war sumpfig. Erst in 55 Meter Tiefe gab es tragfähigen Felsuntergrund. Deshalb wurden mächtige Pfähle in den Boden gerammt: 557 Betonpfeiler von maximal 80 Meter Länge, die bis zu 21 Meter tief in den Fels ragen, verankern den Gebäudekomplex wie Wurzeln einen Baum.

Dieses Hochhaus ist der Wahnsinn! Es sieht aus wie ein überdimensionaler Bambusstängel, ragt 508 Meter weit in den Himmel und wurde auf der Insel Taiwan erbaut, die häufig von Erdbeben erschüttert wird. Lest, wie der Koloss errichtet wurde – und den Naturgewalten trotzt. ☐

1 Suche die richtige Reihenfolge des Zeitungsartikels. Du kannst die Textteile ausschneiden und aufkleben oder nummerieren.

Buch S. 127

Ein Zeitungsbericht

Polizeihund stellt Einbrecher

Mit Hilfe von Diensthund „Bella“ hat die Polizei in der Nacht zum Montag in Buchheim zwei Einbrecher festgenommen. Anwohner hatten die Notruf-Nummer gewählt, nachdem sie ein verdächtiges Scheibenklirren auf dem Gelände des Lidl-Marktes an der Bergisch Gladbacher Straße gehört hatten. Die Beamten nahmen einen 34-Jährigen in Tatortnähe fest, sein Komplize hatte sich im Gebüsch versteckt. Als die Polizisten „Bella“ von der Leine ließen, kroch der Täter verängstigt aus seinem Versteck hervor und ließ sich widerstandslos abführen. Weil der 34-Jährige nach Polizeiangaben noch eine Bewährungsstrafe verbüßt, wurde er dem Haftrichter vorgeführt. *(tho)*

1 Markiere in dem Zeitungsbericht die Antworten auf diese Fragen:

- ❍ **Wann** ist etwas passiert? (schwarz)
- ❍ **Wo** ist es passiert? (rot)
- ❍ **Was** ist passiert, dass man die Polizei rufen musste? (gelb)
- ❍ **Wie** lief der Einsatz ab? (grün)
- ❍ **Wer** war noch daran beteiligt? (blau)
- ❍ **Welche Folgen** hat das für die Täter? (lila)

2 Schneide aus der Zeitung einen interessanten Bericht aus.

Klebe ihn auf.

Markiere die Antworten auf die Fragen wie in Aufgabe 1.

- ❍ **Wann?**
- ❍ **Wo?**
- ❍ **Was?**
- ❍ **Wie?**
- ❍ **Wer?**
- ❍ **Welche Folgen?**

3 Schreibe selbst einen Bericht zu einem Ereignis, zum Beispiel aus der Schule, aus dem Sportverein …

Einen Artikel überarbeiten

1 In dem Anfang des Artikels sind fünf Wörter falsch geschrieben. Markiere sie und schreibe die Wörter richtig auf.

Die Nachtwanderung
Auf unserer Klasenfahrt war auch eine Nachtwanderung geplant. Wir haben uns alle sehr darauf gefreut. Keiner konnte es abwarten, dass der Abent kommt. Jedes Kind hatte eine Taschenlampe dabei. Auch unsere Lehrerinnen sind mitgegangen. Sie haben uns zu einer stelle geführt, wo ein Tuch mit verschiedenen Gegenstenden aus dem Wald lag. Wir hatten nur zwanzig sekunden Zeit, sie anzusehen und sie dann anschließend im Wald selbst zu suchen.

2 An einer Stelle im nächsten Abschnitt stimmt etwas nicht. Welcher Satz gehört woanders hin? Markiere es.

Dann haben unsere Lehrerinnen die Taschenlampen eingesammelt. Ich bin mit Sofia und Max gegangen. Der Förster hatte einen Weg im Wald abgesteckt. Wir konnten entscheiden, ob wir die Strecke allein, zu zweit oder zu dritt gehen wollten. Lisa ist den ganzen Weg allein gegangen.

3 Setze im nächsten Abschnitt jeweils einen Punkt, wo ein Satz besser zu Ende sein sollte. Was musst du jetzt auch ändern?

Zum Schluss haben unsere Lehrerinnen uns ein Seil in die rechte Hand gegeben und so liefen wir alle im Dunkeln an dem langen Seil hintereinander her und dabei mussten wir ganz leise sein, weil wir die Geräusche im Wald zählen sollten, die wir hörten, und dann war die Nachtwanderung zu Ende. Als wir an der Jugendherberge ankamen, waren alle kaputt und wollten schnell ins Bett. *Christiane*

Redewendungen

1 Kreuze die richtige Bedeutung der Redewendung an.

1. Er nimmt den Mund immer zu voll.
- (G) Er verspricht immer zu viel.
- (A) Er isst immer zu viel.

2. Sie hat sich aufs Ohr gelegt.
- (U) Sie schläft.
- (F) Sie ist hingefallen.

3. Er hat die Beine in die Hände genommen.
- (L) Er macht Sport.
- (T) Er beeilt sich.

4. Sie lebt auf großem Fuß.
- (H) Sie hat eine große Schuhgröße.
- (G) Sie ist verschwenderisch.

5. Hast du ihn wieder auf den Arm genommen?
- (I) Hast du ihn wieder getragen?
- (E) Hast du ihn wieder veralbert?

6. Ich habe die Nase voll.
- (M) Jetzt habe ich aber genug.
- (T) Ich habe Schnupfen.

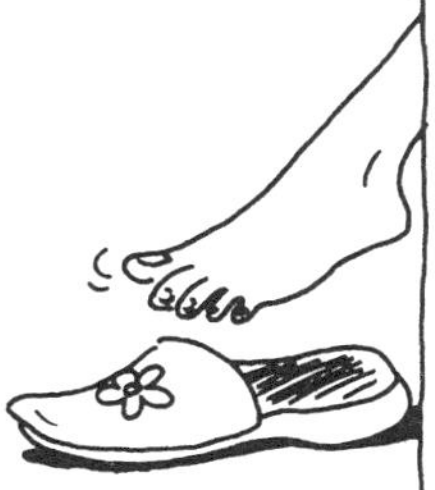

7. Sie ist mit dem linken Bein zuerst aufgestanden.
- (A) Sie hat schlechte Laune.
- (O) Ihr rechtes Bein ist verletzt.

8. Er ist auf die Nase gefallen.
- (C) Er hat Pech gehabt.
- (H) Er ist aufgefallen.

9. Das erledige ich im Handumdrehen.
- (F) Ich muss erst meine Hände wenden.
- (H) Das erledige ich schnell.

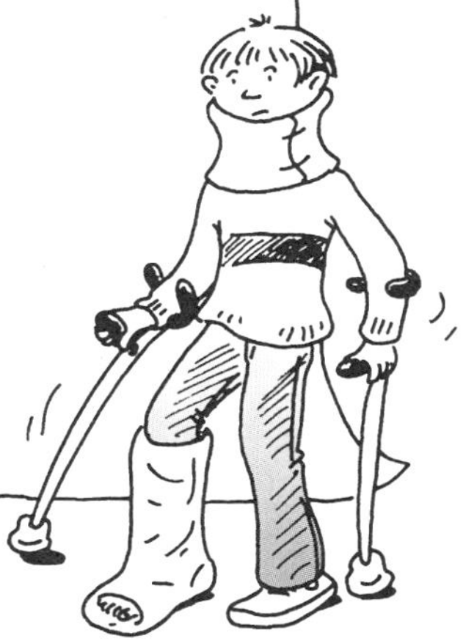

10. Ich wünsche dir Hals- und Beinbruch.
- (P) Ich wünsche, dass dir etwas Fürchterliches passiert.
- (T) Ich wünsche dir viel Glück.

Lösung

Doppelte Konsonanten

1 Wird der Selbstlaut lang oder kurz gesprochen?
Schreibe das richtige Wort auf.

klapen – klappen	______	Flosen – Flossen	______
rolen – rollen	______	Trepe – Treppe	______
schnapen – schnappen	______	Reter – Retter	______
hofen – hoffen	______	Teler – Teller	______
krabeln – krabbeln	______	Knal – Knall	______
bagern – baggern	______	Brile – Brille	______

2 Markiere in jedem Wort den kurzen Selbstlaut und den doppelten Mitlaut.

3 Bilde aus den Verben und Nomen neue Wörter. Markiere auch hier in jedem Wort den kurzen Selbstlaut und den doppelten Mitlaut.

Verben	Nomen
rennen	Schirm
klappen	Kreisel
schwimmen	Uhr
brennen	Wagen
rollen	Glas
schnurren	Punkt
stoppen	Schuhe
fallen	Bart
treffen	Flossen
brummen	Stuhl

der Rennwagen

Neue Wörter aus Zeitungswörtern

Ihr braucht: eine Zeitung, ein Blatt Papier, einen Stift, eine Uhr, eine Schere.

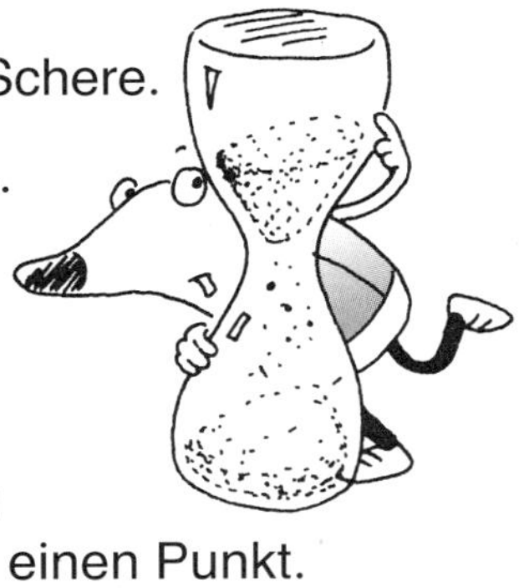

1. Schneidet aus der Tageszeitung viele verschiedene Wörter aus. Vielleicht findet ihr auch Wörter mit doppelten Mitlauten.
2. Legt die ausgeschnittenen Wörter verdeckt auf den Tisch. Ein Kind zieht ein Wort.
3. Jeder versucht nun, in einer Minute so viele Wörter wie möglich aus den Buchstaben dieses Wortes zu bilden. Jedes Wort zählt einen Punkt.

Nachrichten — Nacht, nein, nach, richten …

Lernwörter-Training

1 Löse das Rätsel und trage die richtigen Nummern in die Tabelle ein.

Nummer	Lernwort
9	Nachrichten
	Artikel
	Bericht
	Zeitung
	Überschrift
	drucken
	aktuell
	verteilen
	interessieren

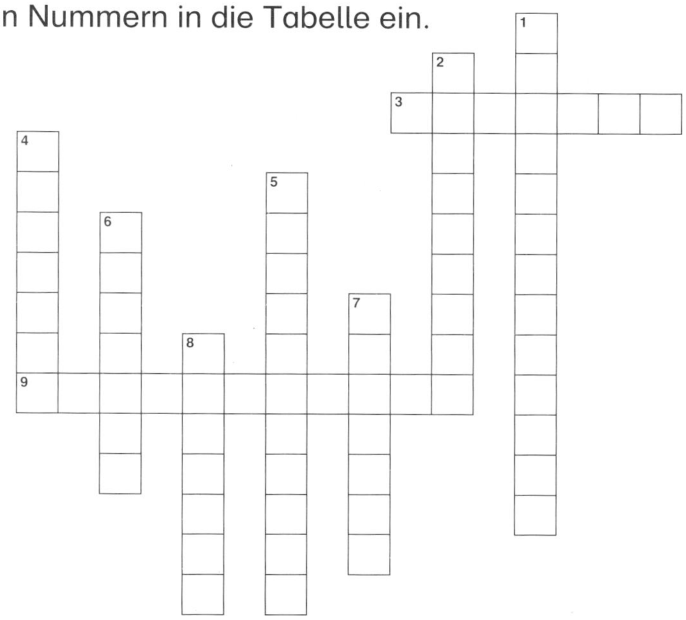

2 Ordne die drei Wortfamilien und markiere den jeweiligen Wortstamm.

die Neuigkeit die Berichterstattung
das Interesse die Berichterstatterin
neugierig **interessieren** neugeboren
neuwertig der Bericht der Neuling
die Erneuerung **neu**
die Berichtigung der Unfallbericht
der Berichter interessant **berichten**

3 Setze die Merkwörter richtig ein.

Interview
T-Shirt
Monitor
Jeans
Inliner
Skateboard
Scanner
Sweatshirt
CD-Player
surfen

Im Sommer trage ich gern ein dünnes ______________.

Für einen Zeitungsartikel führt er ein ______________.

Zu meinem Computer gehört ein ______________.

Zum T-Shirt trage ich am liebsten ______________.

Ein Brett mit Rollen nennt man ______________.

Rollschuhe mit Rädern in einer Linie sind ______________.

Ein anderes Wort für ein langärmliges T-Shirt ist ______________.

Wir ______________ gern im Internet.

Meine CDs höre ich mit dem ______________.

Mit dem ______________ kann ich Texte in den Computer einlesen.

Was ist wirklich wirklich?

________________ Fäden

Jemand bestellte bei einer Spinnerin ________________ Fäden. Die Spinnerin spann ________________ Fäden, doch der Mann sagte: „Die Fäden sind nicht gut, ich brauche die aller ________________.“ Die Spinnerin sagte: „Wenn dir diese hier nicht ________________ genug sind, dann kriegst du eben andere“, und sie zeigte auf einen leeren Platz. Er sagte, dass er nichts sehe. Die Spinnerin sagte: „Du siehst sie nicht, weil sie sehr ________________ sind. Ich selbst sehe sie auch nicht.“ Der Dummkopf freute sich, bestellte noch mehr solche Fäden und zahlte Geld dafür.

Leo Tolstoi

1. Ergänze die fehlenden Wörter. Begründe deine Entscheidung.
2. Vergleiche den Text mit dem Märchen „Des Kaisers neue Kleider“.

3. Schreibt ein Drehbuch zu dem Text und spielt das Stück.

S. 88

Alles

Das musste der Alleskönner einsehen. Er nennt sich jetzt: Fastalleskönner.

1 Überlege dir eine Geschichte, die zu diesem Schluss passt.
Schreibe sie auf.

Warum träumen wir?

Warum träumen wir?
Wenn wir schlafen, schläft hauptsächlich unser Körper. Unsere Muskeln entspannen, wir liegen meistens ruhig und unbeweglich da. Unser Gehirn aber schläft gar nicht die ganze Zeit. Es wacht in der Nacht fünf- oder sechsmal auf, übernimmt jedoch keine Kontrolle über den Körper und die Muskeln und nimmt auch nichts wahr von dem, was sich drum herum ereignet. In dieser Zeit träumen wir. Schlafforscherinnen und -forscher haben herausgefunden, dass das Gehirn während der Traumphasen wie im wachen Zustand arbeitet. Auch an den Augen eines schlafenden Menschen kann man sehen, wann er träumt: Die Augen machen dann schnelle Bewegungen, zucken hin und her. Vielleicht habt ihr das Gleiche schon einmal an schlafenden Hunden oder Katzen beobachtet. Wenn wir schlafen und träumen, ist unser Gehirn also wach und arbeitet: Es ordnet und verarbeitet die vielen Eindrücke des Tages, sortiert unwichtige Erlebnisse aus und speichert neue Erinnerungsbilder ab. Man könnte sagen: Das Gehirn räumt auf. Und ähnlich, wie wenn wir beim Zimmeraufräumen eine Schublade mit Krimskrams entdecken und ausmisten, so kramt das Gehirn bei seiner Arbeit auch längst vergangene Bilder wieder hervor oder legt neue Erlebnisse in „Schubladen“ mit alten Erfahrungen ab. Deshalb kommen manchmal ganz unwirkliche Träume und Bilder zustande. Wenn man jemanden, der gerade geträumt hat, aufwecken würde, könnte er seinen ganzen Traum erzählen. Das kann eine viel längere Geschichte sein, die er gerade erlebt hat, als die zwei, drei Minuten, die sein Traum in Wirklichkeit gedauert hat.

Unsere Traumphasen sind sehr kurz: Selbst wenn wir das Gefühl haben, wir hätten die ganze Nacht wild geträumt, so waren es in Wirklichkeit nicht mehr

als zwei oder drei Minuten. Manche Menschen behaupten auch, nie zu träumen. Das stimmt aber nicht, sie erinnern sich nur nicht an ihre Träume. Das liegt an den verschiedenen Schlafphasen. Im Tiefschlaf wacht das Gehirn nicht auf, es ist wie bewusstlos. In dieser Zeit träumen wir gar nicht und könnten uns auch nicht an vorherige Träume erinnern, wenn wir aufgeweckt würden. In leichteren Schlafphasen träumen wir mehr und können uns auch daran erinnern – am besten an die Träume, die man kurz vor dem Aufwachen hat. Man träumt gegen Ende des Schlafs mehr als zu Beginn. Manchmal sogar im Takt von einer halben bis einer ganzen Stunde, immer schneller, bis man ganz aufwacht. Bis das Gehirn uns signalisiert: Ich bin wieder aufgeräumt und fit für einen neuen Tag. Schlafforscherinnen und Traumforscher haben auch einen Zusammenhang herausgefunden zwischen der Zeit, die das Gehirn mit Träumen zubringt, und der Menge, die man tagsüber lernt und erfährt. Kleine Kinder, die ja sehr viel lernen müssen, weil für sie fast alles neu ist, träumen enorm viel. Sie brauchen auch mehr Schlaf. Wenn der Mensch älter wird und tagsüber nicht mehr so viel lernen muss, weil sich immer mehr Bekanntes in seinem Leben wiederholt, muss er weniger lang schlafen und träumt auch weniger.

Antje Wegener

1 Beantworte die Fragen.

1. Wie oft ungefähr wacht unser Gehirn in der Nacht auf?
2. Kontrolliert unser Gehirn dabei unsere Muskeln und unseren Körper?
3. Woran erkennt man bei einem schlafenden Menschen, dass er träumt?
4. Womit wird die Arbeit des Gehirns beim Träumen verglichen?
5. Wie lang sind Traumphasen?
6. Wann träumt man am meisten?
7. Warum brauchen kleine Kinder mehr Schlaf als Erwachsene?
8. „Das Gehirn räumt auf.“ Was ist mit dem Satz gemeint?

2 Markiere im Text durch Unterstreichen:

1. Welche Aufgabe hat unser Gehirn beim Träumen?
2. Welche Träume behält man am besten?
3. Wodurch kommt es manchmal zu ganz unwirklichen Träumen?
4. Was erfährst du über die Phase (die Zeit) des Tiefschlafs?
5. Was erfährst du über die leichtere Schlafphase?

Schreiben zu einem Bild

1 Betrachte das Bild genau und beschreibe in Gedanken, was du siehst.
Die Wörter am Rand helfen dir.

hell

dunkel

fliegen

eng beieinander

Himmel

oben

M.C. Escher: Liberation (Befreiung)

2 Schreibe andere für dich wichtige Gedanken-Wörter zu dem Bild in die Kästchen.

3 Schreibe zu dem Bild einen Text.

Adjektive

Manche Dinge kann man nur dann farbig sehen, wenn man die Augen fest geschlossen hat.

Zum Beispiel:
Eine tomatenblaue Krawatte.
Zwei grasrote Handschuhe.
Drei hochzeitskleidschwarze Autos.
Vier rote Sessel mit himmelbunten Punkten.
Fünf erdbeergoldene Hüte.
Sechs weiße Rappen.
Sieben dottergelbe Deutschlehrer.
Acht orangefarbene Kiwis.
Neun kiwigrüne Orangen.
Zehn zimtweiße Zitronen.
Elf bunte Fußballspieler mit roten Hemden.
Zwölf rothaarige Blonde.
Dreizehn blaue Briefkästen.
Vierzehn gelbe Raben.
Fünfzehn zitronenblaue Äpfel.
Sechzehn gelbe Rotweinflecke.
Siebzehn nudelblaue Fahrräder.
Achtze…

Jetzt habe ich
leider die Augen geöffnet,
weil es an der Haustür geklingelt hat.
Vielleicht versuche ich es nachher
noch einmal. Gestern
bin ich bis 38 gekommen.

Wolfgang Mennel

1 Kannst du dir die Dinge vorstellen? Warum ist das so schwer?

2 Was könntest du dir vielleicht noch vorstellen? Was geht gar nicht?

3 Unterstreiche in dem Gedicht alle Nomen rot und alle Adjektive grün.
Unterstreiche die zusammengesetzten Adjektive doppelt.

4 Wie sind die Adjektive zusammengesetzt?
Schreibe so: tomatenblau – so blau wie eine Tomate …

5 Erfinde selbst Zeilen nach diesem Muster und füge sie hinzu.

Wortbausteine -ung -heit -keit

1 Wie heißt das passende Nomen?

- heit		- keit		- ung	
dunkel	Dunkelheit	ähnlich		senden	
sicher		eitel		bestellen	
beliebt		ewig		vorstellen	
wahr		flüssig		teilen	
krank		fröhlich		wohnen	

2 Setze ein passendes Nomen ein.

sicher
wirklich
klug
dumm
entdecken
betrachten
ehrlich
wahr

Joakim und Mika vom Planeten Elio machten zusammen viele ______________________.
Manchmal war es für die beiden schwer, zwischen Traum und ______________________ zu entscheiden.

Sokrates wurde wegen seiner ______________________ bei den Menschen sehr bewundert, aber auch gefürchtet.
Seine klugen Fragen sollten die Menschen dazu bringen, die ______________________ herauszufinden.

Bei der ______________________ des Bildes „Befreiung" von M.C. Escher kommen mir viele Ideen.
Mit ______________________ werde ich mir noch andere Bilder des Künstlers anschauen.

Die Betrüger hielten nicht viel von ______________________.
Sie rechneten mit der ______________________ des Kaisers.

3 Bilde selbst Sätze mit anderen Nomen aus der Tabelle.

____

____

____

Lernwörter-Training

Sendung
Eine Sendung
kann mit der Post zugeschickt werden.
Aber meistens hört und sieht man sich
andere Sendungen an.

Mario Grasso

1 Bilde möglichst viele Wörter.
Achte auf die Groß- und Kleinschreibung.

____

____

2 Was passt zusammen? Verbinde.

den Kopf in den Sand stecken	von einem Missgeschick nicht so schwer wie erwartet getroffen sein
etwas wahr machen	hier gibt es eine versteckte Schwierigkeit
Glück im Unglück haben	über eine Sache nur in Andeutungen sprechen
die Sache hat einen Haken	die Wirklichkeit nicht sehen wollen
durch die Blume sprechen	etwas in die Tat umsetzen

3 Schreibe die richtigen Sätze ab.
Schreibe so: Den Kopf in den Sand stecken bedeutet, dass …

4 Setze die Merkwörter richtig ein.

Der ______________ liebte feine Stoffe. Im Aquazoo habe ich
einen ______________ gesehen. Ich esse gern ______________.
Eine Gitarre hat 6 ______________. Der ______________ ist ein Fluss.
Die Frösche legen im Frühjahr ihren ______________ ab.
Der fünfte Monat des Jahres ist der ______________.

Jahreszeiten – Lebenszeiten

Der Eindringling

Einmal stand ich auf dem Hof und betrachtete ein Nest, das ein Schwalbenpaar unterm Dach gebaut hatte. Beide Schwalben flogen vor meinen Augen fort. Das Nest blieb eine Weile leer. Da flog ein Spatz vom Dachfirst herab, flog zum Schwalbennest hin, sah es von außen und innen an und schlüpfte ins Nest. Streckte sein Köpfchen heraus und tschilpte.

Bald darauf kam eine Schwalbe zum Nest zurück. Sie steckte den Kopf ins Nest. Aber kaum hatte sie den Eindringling bemerkt, schlug sie Lärm, stand mit aufgeregten Flügeln vor dem Nest in der Luft und flog dann weg. Der Spatz blieb sitzen und tschilpte.

Mit einem Mal kam ein ganzer Flug Schwalben an. Alle flogen gegen das Nest hin, als wollten sie dem Eindringling sagen: Wir werden es dir schon zeigen! Der Spatz zeigte keine Spur von Angst, drehte den Kopf nach allen Seiten und tschilpte.

Die Schwalben flogen wieder gegen das Nest hin, taten dort irgendetwas und flogen wieder fort. Was taten die Schwalben? Jede brachte im Schnabel ein wenig Lehm mit und mauerte den Nesteinschlupf ein wenig zu. Unablässig flogen die Schwalben. Enger und enger wurde das Nestloch. Anfangs war noch der Spatzenhals zu sehen gewesen, dann nur noch der Kopf, dann nur noch der Schnabel. Dann nichts mehr …

Aber auf einmal: Durch den nassen Lehm kam erst der Spatzenschnabel, dann der Spatzenkopf, dann der ganze Spatz – und weg war der freche Bursche, und die beiden Schwalben hatten wieder ein offenes, leeres Nest.

Leo Tolstoi

1 Welche Beobachtung wird uns hier geschildert?

____

2 Was erfährst du über den Spatz? Markiere blau, was er macht.

3 Was tun die Schwalben, um den Spatz zu vertreiben. Markiere es rot.

4 Warum heißt die Geschichte „Der Eindringling“?

____

5 Der Autor verwendet im Text noch eine andere Bezeichnung für den Spatz. Finde sie. Was meinst du dazu?

____

Ferienerzählungen

„Bin auf den
höchsten Berg gestiegen."

„Bin im tiefsten
Meer geschwommen."

„Bin durch die
weiteste Ebene gefahren."

„Bin unterm Apfelbaum gelegen,
hab meine Träume fliegen lassen:
Höher als die höchsten Berge,
tiefer als die tiefsten Meere,
weiter als die weitesten Ebenen."

Hans Manz

1 Schau dir genau an, wie dieses Gedicht geschrieben ist. Achte besonders auf die Strophen, die Wortarten und die Wiederholungen.

2 Schreibe selbst einen Text nach diesem Muster.

Ferienwitze

Herr Müller und seine Tochter konnten sich einmal einen Urlaub am Meer leisten. Der Hoteljunge zeigte ihnen ihr Zimmer und erklärte: „Also, Frühstück von 6 bis 10 Uhr, Mittagessen von 11–14 Uhr, Kaffee von 15 bis 17 Uhr und Abendessen von 18 bis 22 Uhr."
„Schade", sagte Herr Müller, „wirklich schade.
Ich wäre zwischendurch auch gerne mal an den Strand gegangen."

Herr Müller und seine Tochter saßen im Hotel beim Frühstück. Der Ober schenkte Herrn Müller Kaffee ein und bemerkte: „Sieht nach Regen aus."
„Na ja", sagte Herr Müller tröstend, „aber er riecht doch immerhin ein bisschen nach Kaffee."

3 Worin besteht hier der Witz?

4 Kennst du auch Ferienwitze?

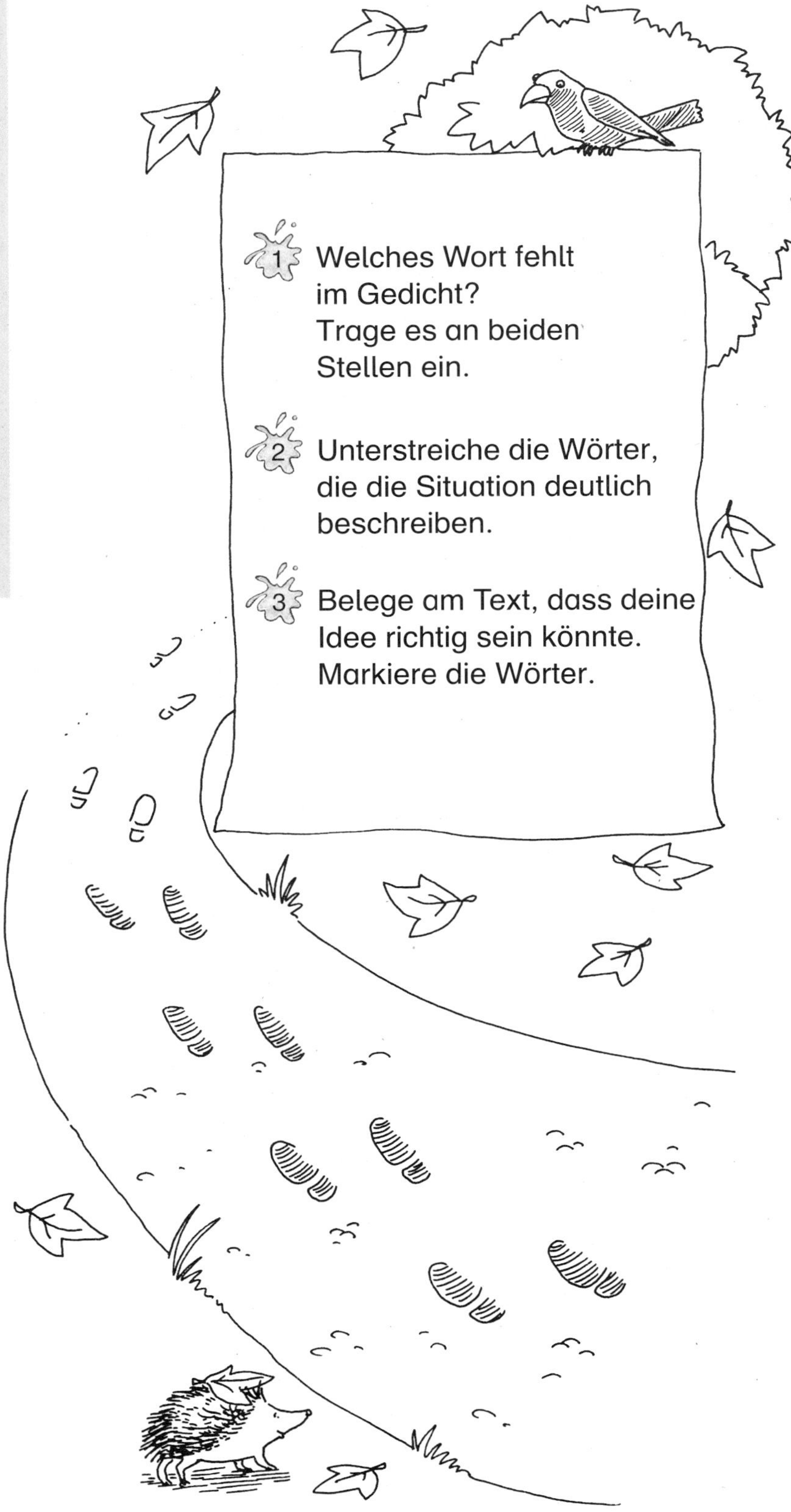

1. Welches Wort fehlt im Gedicht? Trage es an beiden Stellen ein.
2. Unterstreiche die Wörter, die die Situation deutlich beschreiben.
3. Belege am Text, dass deine Idee richtig sein könnte. Markiere die Wörter.

Herbst

____

Verloren im ______________meer
bin ich gegangen
durch die Allee,
bedachtsam sehr.

Schweigen
rings um mich her.

Nichts
war zu vernehmen.
Nur dies
Knistern
ab und zu
auf dem Kies.
Ich wusste, das waren
meine Füße.
Sie suchten da unten
ihren Weg,
die unsichtbaren.

Und einmal
ein leises Flüstern,
links,
nah.
Ein Ahorn
in der Ahornallee fragte den andern:
„Bist du noch da?“

Josef Guggenmos

S. 88

Das wünsch ich dir zum neuen Jahr

Das wünsch ich dir:
Das größte Kuchenstück
und sieben Zentner Glück
und einen seidenweichen Traum
und einen eig'nen Apfelbaum
und noch ein Kuscheltier.
Das wünsch ich dir!

Das wünsch ich dir:
Fast immer Sonnenschein
und selten traurig sein.
Und wird es dir einmal zu heiß,
wünsch ich dir rosa Erdbeereis
und einen Kuss von mir.
Das wünsch ich dir!

Das wünsch ich dir:
Ein Stück Geborgenheit
und hergeschenkte Zeit.
Dass dann, wenn's nicht mehr weitergeht,
es einen gibt, der zu dir steht
und klingelt an der Tür.
Das wünsch ich dir!

Rolf Krenzer

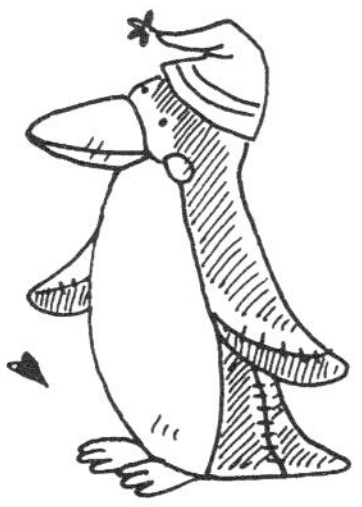

1. Markiere den Vers, der immer wiederkehrt.
   Warum hat der Dichter das wohl so geschrieben?
2. Unterstreiche die Reimwörter. Welches Schema entdeckst du?
3. Versuche, eine ähnliche Strophe zu schreiben.
   - Überlege dir, für wen du das Gedicht schreiben würdest.
   - Aus welchem Anlass möchtest du etwas wünschen?
   - Sammle zuerst Wünsche, die du wichtig findest.
   - Schreibe sie auf Papierstreifen.
   - Versuche, die Wünsche in Versen aufzuschreiben.
   - Findest du auch Reime? Nutze ein Wörterbuch.

Lernwörter-Training

Kapitel 1

Gemeinsam sind wir stärker

Gemeinschaft
langweilig
lösen
beraten
verhalten
Verein
vertragen
notieren
vertrauen
Aufregung
Problem
Gespräch
freundlich
____
____

Kapitel 3

Dickhäuter zu Wasser und zu Lande

Körper
höchstens
schnaufen
Knie
mühsam
Gefahr
Ton
deutlich
Freude
heulen
stoßen
heißen
beißen
Rüssel
____

Kapitel 5

Von rostigen Rittern und listigen Leuten

Mittelalter
rauben
höflich
Ritter
versprechen
Burg
kämpfen
Schloss
tapfer
Brunnen
klug
Abenteuer
Unterricht
Handel
großartig

Kapitel 2

In anderen Ländern zu Hause sein

wohnen
fremd
Ausland
unbekannt
kommen
Klima
Wetter
Hütte
Gebäude
modern
einfach
Einwohner
kennen lernen
____

Kapitel 4

Bauern, Turm und Bücherwurm …

endlich
verlieren
Schach
hoch
nachdenken
seitdem
matt
Läufer
gewinnen
Springer
passieren
Figur
wählen
____

Kapitel 6

Das Unsichtbare sichtbar machen

schauen
Gegenstand
rund
erblicken
wild
weit
Experiment
scharf
Licht
Mond
informieren
Planet
Linse
Maschine

Lernwörter-Training

Kapitel 9

Was ist wirklich wirklich?

wirklich
Wahrheit
wahr
Wirklichkeit
Frage
Antwort
denken
Glück
Unglück
Seele
jemand
berühmt
diskutieren

Kapitel 7

Wasser – kostbar, kraftvoll, köstlich

Gletscher
Wasserfall
Dürre
überschwemmen
Wolke
fliehen
Quelle
donnern
Sturm
nass
rinnen
schöpfen
Tümpel
Teich

Meine Lernwörter

Kapitel 8

Nachrichten – Nachrichten – Nachrichten

Nachricht
neugierig
Radio
drucken
interessieren
Zeitung
erscheinen
berichten
Überschrift
aktuell
Artikel
verteilen
Neuigkeit

Merkwörter-Training

Trick 1
Schreibe das Wort auf einen Zettel. Unterstreiche die schwierige Stelle.
Stecke dir den Zettel in die Hosentasche.
Immer wenn du in die Tasche greifst,
denkst du an das Wort und die schwierige Stelle.

Trick 2
Schreibe das Wort auf einen Zettel. Unterstreiche die schwierige Stelle.
Stecke den Zettel in euren Briefkasten.
Wenn du dann den Zettel zugestellt bekommst,
denkst du an das Wort und die schwierige Stelle.

Trick 3
Schreibe das Wort auf einen Zettel. Unterstreiche die schwierige Stelle.
Lege den Zettel auf dein Kopfkissen, in den Schuh, an die Zahnbürste, an den Spiegel, als Lesezeichen in ein Buch … Wenn du den Zettel findest, schau ihn dir wieder an.

Trick 4
Schreibe das Wort auf einen Klebezettel. Unterstreiche die schwierige Stelle.
Klebe den Zettel auf die Innenseite deines Heftumschlags.

Trick 5
Gestalte dir ein Plakat mit deinen Problemwörtern.
Unterstreiche die schwierigen Stellen.

Merkwörter-Training

Merkwörter mit ieh

er flieht
sie sieht
es geschieht
es zieht
Vieh
sie stiehlt
er empfiehlt

Merkwörter mit aa, ee, oo

Saal
Paar
Haar
Waage
Schnee
Tee
Beet
Beere
Boot
Zoo
Moos

Merkwörter mit V/v

voll
Verkehr
Vulkan
vielleicht
Vase
vorsichtig
Video
Ventil
Vetter
Vitamine

Fremdwörter

Interview
T-Shirt
Monitor
Jeans
Inliner
Skateboard
Scanner
Sweatshirt
CD-Player
surfen

Merkwörter mit Dehnungs-h

Zahl
Zahn
Jahr
Fehler
mehr
sehr
ohne
Sohn
Uhr
Stuhl

Merkwörter mit Pf/pf

Pfanne
Topf
tapfer
Apfel
stumpf
Pfeffer
Strümpfe
impfen
pfeifen
Kopf

Merkwörter mit ai

Mais
Laib
Saite
Main
Mai
Kaiser
Laich
Hai

Merkwörter mit langem i ohne Dehnungszeichen

Tiger
Igel
Kilo
Kino
Musik
Apfelsine
Gardine
Biber
Rosine

Merkwörter mit Eu/eu

Eule
neun
Leute
Feuer
heute
Euro
freuen
euch
Beute

Rechtschreib-Training

Abschreibheft

Stoßzahn und Nasenhand

Elefanten sind die größten und schwersten Landtiere unserer Zeit.
Die deutlichsten Kennzeichen ihres Körpers sind die Stoßzähne und der Rüssel.
Mit dem Rüssel saugen sie Luft ein, um Gerüche wahrzunehmen.
So wittern sie auch Gefahren.
Der lange, bewegliche Rüssel ist auch sehr nützlich, um an Wasser und Nahrung zu kommen. Er übernimmt die Aufgaben einer Greifhand.
Die Stoßzähne sind stark verlängerte obere Schneidezähne. Sie wachsen ständig nach.
Die Stoßzähne werden oft dazu benutzt, um nach Salz oder Wasser zu graben.
Mit dem Rüssel und den Stoßzähnen reißen die Elefanten manchmal aber auch die Rinde oder größere Äste von Bäumen ab und verspeisen sie.

Richtig abschreiben

Fußballkerle

Die „Wilden Fußballkerle“ sind nicht irgendein Verein.
Die Kinder bilden eine feste Gemeinschaft.
Deshalb haben sie einen Vertrag verfasst.
Darin haben die Spieler Verhaltensregeln notiert.
Vertrauen ist für sie besonders wichtig.
Oft lösen sie gemeinsam manches Problem.
Nur selten sind die Kinder unfreundlich zueinander und vertragen sich nicht.
Dann muss ihr Trainer Willi ernste Gespräche mit ihnen führen.

Abschreibheft

Schach

Schach ist ein Spiel, bei dem es darum geht, den König des Mitspielers oder der Mitspielerin matt zu setzen.
Man muss genau nachdenken, wie man mit dem Bauern, dem Turm, dem Läufer, dem Springer oder der Dame zieht, um den König zu bedrängen.
Die kürzeste Schachpartie bei einem öffentlichen Turnier bestand aus nur drei Zügen, bis der Gegner besiegt war.
Meistens braucht man aber viele Züge, bis man endlich gewonnen hat. Beim Schach gibt es aber auch Spiele, bei denen niemand gewinnt oder verliert.
Eine solche Situation heißt unentschieden oder remis.

Richtig abschreiben

Allerlei Unterschiede

Wenn wir ins Ausland reisen, ist für uns vieles unbekannt.
Manchmal sehen die Häuser der Menschen fremd aus.
In Gebieten mit warmem Klima leben die Einwohner in einfachen Hütten, die sie vor der Sonne schützen.
Meist leben nur wenige Familien in einem Dorf.
In den großen Städten stehen hohe Wolkenkratzer. In diesen modernen Gebäuden können viele Menschen wohnen.
Meistens lernen sich die Menschen in einem kleinen Dorf aber viel besser kennen als die Leute, die in einer Stadt leben.
Was glaubst du, warum das so ist?

Partnerdiktat

Wasser

Eine Quelle bricht aus dem Felsen hervor.
Das Wasser rinnt und rauscht.
Ein Wasserfall leuchtet in den Regenbogenfarben.

Sturm und Wolken kündigen das Ende der Dürre an. Wasser überschwemmt die Ufer.
Felder bringen wieder Früchte hervor.
Menschen fliehen vor den Fluten.
Segen und Gefahr in einem Element.

Ohne Wasser gibt es kein Leben.

Schleichdiktat

Die Zeit der Ritter und Burgen

Im Mittelalter lebten die Ritter auf Burgen oder in Schlössern.
Da diese die Bewohner vor Angriffen schützen sollten, baute man sie meist auf einem Berg.
Innerhalb der Burgmauern gab es immer einen Brunen.
Bei den Ritterturnieren übten die Ritter nicht nur für den Krieg, sondern sie kämpften auch tapfer um ihre Ehre.
Außerdem konnten sie ihre Geschicklichkeit und Stärke mit anderen messen.
Ein Turnier war gleichzeitig ein großes Volksfest.

Partnerdiktat

Nachrichten

Im Radio hört man meist zur vollen Stunde die aktuellen Neuigkeiten und Berichte aus aller Welt. In der Zeitung kann man die Nachrichten in vielen Artikeln selbst lesen.
Große Überschriften – auch Schlagzeilen genannt – sollen neugierig machen.
Die Zeitungen werden ganz früh morgens von Zustellerinnen und Zustellern an die Haushalte verteilt.

Schleichdiktat

Der Mond

Durch ein Fernrohr können wir den weit entfernten Mond genauer erblicken.
Der Mond selbst erzeugt kein Licht.
Man sieht immer nur den von der Sonne beleuchteten Teil. Bei Vollmond wird die ganze uns zugewandte Seite des Mondes beleuchtet.
Dann erscheint er uns vollkommen rund.